云冈保护五十年

云冈石窟文物研究所 编

文物出版社

《云冈保护五十年》编辑委员会

编委会主任：李治国

委　　　员：张　焯　黄继忠　李立芬

　　　　　　张海雁　解廷凡　苑静虎

　　　　　　员新华

主　　　编：李治国

执 行 主 编：黄继忠

封面设计：张希广
摄　　影：张海雁　员新华
责任印制：王少华
责任编辑：段书安　郭维富

图书在版编目（CIP）数据

云冈保护五十年／云冈石窟文物研究所编．
北京：文物出版社，2005.7
ISBN 7-5010-1775-1

Ⅰ．云…　Ⅱ．云…　Ⅲ．云冈石窟—文物保护—概况
Ⅳ．K879.22

中国版本图书馆 CIP 数据核字（2005）第 070475 号

云 冈 保 护 五 十 年
云冈石窟文物研究所　编

文 物 出 版 社 出 版 发 行
（北京五四大街29号）
http://www.wenwu.com
E-mall：web@wenwu.com
北京天人鉴设计制作有限公司制版
北京方嘉彩色印刷有限责任公司印刷
新 华 书 店 经 销
2005 年 7 月第一版第一次印刷
889 × 1194　1/16　印张：8
ISBN 7-5010-1775-1/K·936
定价：160.00元

目　录

前言

　　始建于公元 460 年的云冈石窟以规模宏大、题材多样、雕刻精美、内涵丰富而驰名中外；以典型的皇家造像风范而异于其他早期石窟；以融汇东西、贯通南北的鲜明的民族化进程为特色而在中国石窟艺术中独树一帜。石窟依山开凿，东西绵延 1 公里，现存大小窟龛 252 个，石雕造像 51000 余尊，是中国早期石窟艺术的杰出代表，对中国石窟艺术的创新与发展有着重大贡献，具有其他早期石窟不可替代的历史、艺术和科学价值。1961 年，由国务院公布为第一批全国重点文物保护单位。2001 年，由联合国教科文组织列入《世界遗产名录》。

　　北魏以后的各个朝代曾对石窟进行过不同程度的修整。随着时光的流逝，朝代的更迭，石窟也时常处于无人看管的状态，对石窟造成了不同程度的人为破坏。石窟开凿1500 年以来，在自然界各种营力的作用下，上世纪中叶的云冈石窟洞窟裂隙纵横交错，坍塌现象比比皆是，石雕风化剥落随处可见，残垣断壁，杂草丛生，一派凄惨荒凉景象。

1949 年以来，国家、省、市各级政府投入巨资进行过多次大规模的保护维修；多次组织专家对云冈石窟进行勘察、研究；国内外有关专家、学者在云冈石窟的维修保护和研究方面做了大量卓有成效的工作。建国初期的研究拉开了科学保护的序幕；持续不断的研究解决了石窟保护中的许多技术难题；国际合作的开展提升了石窟保护的水平和技术含量。"三年保护工程"的完成，基本上解决了洞窟的稳定性问题；"八五维修工程"的实施，为石窟风化治理奠定了坚实的基础；"一○九"国道云冈段的改线，从根本上解决了石窟周边环境的严重污染；成功列入《世界遗产名录》，使云冈石窟走向世界；防水保护工程的完成，将从根本上解决水对石雕的影响；《云冈石窟规划》的制定，为云冈石窟未来的发展提供了科学依据；《云冈石窟保护管理条例》的颁布，为《云冈石窟规划》的顺利实施提供了法律保障。

石窟的保护工作是一个复杂的、长期的系统工程。随着时间的推移，石窟雕刻还会出现新的问题；随着科学技术的发展，新技术新手段的出现，云冈石窟将会得到更好的保护。

李治国

2005 年 6 月

云冈石窟保护五十年

黄继忠

  云冈石窟是公元5世纪中叶至6世纪初中国石窟壮丽辉煌、璀璨夺目的艺术篇章。云冈石窟古称武州（周）山石窟寺，始建于公元460年（北魏和平初年）。石窟依山开凿，东西绵延1公里，现存大小窟龛252个，石雕造像51000余尊，是中国早期石窟艺术的杰作。云冈石窟以规模宏伟、题材多样、雕刻精美、内涵丰富而驰名中外；以典型的皇家造像风范而异于其他早期石窟；以融汇东西、贯通南北的鲜明的民族特色而在中国石窟艺术中独树一帜。云冈石窟以大量的实物形象和文字史料，展示了公元5世纪中叶至6世纪初中国石窟艺术风格及中国北方地区宗教信仰的重大发展变化，对中国石窟艺术的创新与发展有着重大贡献，具有其他早期石窟不可替代的科学、历史、艺术价值。

  云冈石窟是佛教艺术传入中国后，第一次由国家主持经营的大型石窟群，它不仅体现了强烈的中国皇家政治色彩，而且反映了佛教艺术中国化进程加速发展的时代特征。

  云冈石窟注重雕刻艺术自身的审美规律和形式法则，运用雕刻艺术语言揭示宗教艺术特征，是印度及中亚佛教艺术向中国佛教艺术发展的佳例。在短暂的30年时间里，云冈石窟造像艺术相继完成了从"胡貌梵相"到"改梵为夏"的过程，这是中华民族审美意识和历史文化底蕴强烈追求而形成的，是印度犍陀罗和秣菟罗艺术与中华民族艺术相融合、碰撞所产生的结果。云冈石窟在诸多方面都开创了石窟艺术中国化的新形式，逐渐成为体现中国传统审美思想和审美情趣的石窟艺术的典范。同时，作为中国石窟艺术发展、变化的一个转折点，云冈石窟所出现的许多有异于印度、中亚石窟的新因素又极大地影响了龙门、敦煌等其他中国石窟造像。

  大同在公元5世纪不仅是当时世界上最大都市之一，同时也是吸收印度、中亚文化艺术，融合西域诸国和中国山东六州、关中陕西、河西凉州、东北和龙等经济文化发达地区各民族文化与艺术的聚集之地。云冈石窟即当时中国民族大融合的特殊例证。

  云冈石窟是多元文化融合形成的中国化艺术风格的石窟，是世界佛教石窟艺术第二

次繁荣期的最佳作品。"褒衣博带"是显示佛教造像汉式衣冠服饰的一种新形式、新风格，渊源于南朝"秀骨清像"画风。这种通脱潇洒的新形象，使造像的人物服饰和精神面貌都发生了很大变化，是石窟艺术中国化的楷模，其样式、风格对北中国佛教石窟艺术产生了深远的影响。

云冈石窟雕刻艺术的形式和内涵相得益彰，在我国乃至世界石窟艺术发展史上具有十分重要的地位。1961年中华人民共和国国务院公布云冈石窟为第一批全国重点文物保护单位。2001年，云冈石窟以符合世界文化遗产六项标准中的第 I 、II 、III 、IV 四项被

20 世纪 50 年代云冈石窟原貌

联合国教科文组织世界遗产委员会第25届大会通过列入《世界遗产名录》。

历经1500年的沧桑，由于石窟区所处的地质及环境条件的变化，云冈石窟经历了不同程度的自然风化；由于历史上有过多次无人看守的时期，石窟遭受过人为破坏，致使洞窟及雕像有不同程度的损毁。同时，历史上云冈石窟也经历过不同方式的保护与修复，特别是中华人民共和国成立以来，云冈石窟的保护工作得到国家各级政府的高度重视，进行过多次大规模的维修保护，使得石窟保存的环境得到了改善，遭受严重风化的石雕得到了妥善的保护。

20 世纪 60 年代西部窟群原貌

1962 年第 1、2 窟原貌

1964年第3窟原貌

20世纪60年代中部窟群原貌

20世纪60年代第18窟原貌

20世纪30～40年代西部窟群原貌

20世纪60年代第21～23窟原貌

1. 自然地理、区域环境与窟区地质特征

1.1 交通位置

云冈石窟位于山西省大同市西郊云冈镇,距大同市区16公里。石窟区南侧、西侧毗邻十里河,北依武周山。云冈石窟开凿在武周山余脉的悬崖峭壁中,东西绵延1公里左右。地理位置为东经113°20',北纬40°04'。大同至左云公路从石窟前穿过,交通十分便利。

1.2 地形地貌

1.2.1 地形

云冈石窟开凿于十里河三级基座阶地砂岩中。石窟南临十里河;窟顶北部为低山丘陵,地势平缓,呈波状起伏,地形北高南低,最大高差55米左右(水泉村南最高1218米,石窟前沿1163米);石窟东侧为冲沟;西侧为十里河谷。石窟砂岩透镜体与十里河谷垂直高差达30米左右。窟区被南北向大冲沟(东谷、西谷)分为东、中、西三部分。冲沟的特点是坡降大,切割深度大。

1.2.2 地貌

在云冈石窟3.6平方公里的保护范围内,地貌类型较简单。按成因可分为两大单元:一为云冈顶部高台地与构造剥蚀低山丘陵,高程为1163~1218米,地面坡角4~9°,比较平缓。二为十里河侵蚀堆积阶地,高程为1124~1140米,河床两侧为河漫滩,一级阶地较发育,二、三级阶地只有部分残存,石窟开凿在三级基座阶地的砂岩透镜体中。

1.3 气象与水文

1.3.1 气象

本区为大陆性半干旱气候,年平均气温7~10℃,1月最冷,月平均气温−11.4℃,7月最热,月平均气温23.1℃,月平均变化幅度在40%;年平均降雨量423.8毫米,雨季集中在7~9月,月最高降雨量达到100毫米以上;年平均蒸发量1748毫米,其中6月最大蒸发量为801.8毫米,12月蒸发量为74.9毫米;年积雪在20毫米左右,冻结期为10月下旬到次年4月,标准冻结深度1.5米,全年无霜期120天。

1.3.2 水文

十里河为区内唯一较大季节性河流，发源于左云县曹家堡北峰北麓，由西向东流经石窟西侧与南侧，向东10公里在小站村附近注入大同平原，汇入桑干河，全长76公里，汇水面积1210平方公里。河床上游宽50米，中游宽200米，下游最宽处达600米，河床坡降为1～2‰，一般流量为每秒0.64～1.03立方米，地表径流在枯水期较小，介于每秒0.062～1.5立方米之间，3～4月融雪期间，流量稍有增加，介于每秒1.03～3.05立方米之间，7～9月雨季流量最大，介于每秒2.23～5.34立方米之间，暴雨期间，达每秒145～351立方米，可查最大洪峰流量为每秒880立方米（1969年7月30日）。云冈石窟窟底（高程在1136米以上）高于河水位10米以上。十里河常年径流均由南北两岸各支流、泉水、降水及矿坑排水补给，冬季冻结，河床冰封至次年3～4月方可解冻。十里河主流流向基本与地层走向垂直，河水补给地下水。

1.4 区域环境

由于云冈石窟四周被煤矿包围，环境条件较差，主要表现为以下三个方面。

1.4.1 空气质量

上世纪80、90年代，云冈石窟的环境污染较为严重，特别是空气中大量的酸性气体（SO_2、NO_x、CO_2等）和粉尘的污染严重。其中总悬浮微粒全年超标（国家大气二级标准）率高于80%，降尘全年超标率（前苏联降尘标准）为60%。而根据我国大气环境质量区的划分及其执行标准的级别，风景游览区、名胜古迹区属一类区，应执行一级标准的规定，可见云冈石窟空气污染中粉尘的污染远远超过该规定值。窟外降尘浓度也是相当高的，年平均为每立方米378微克，第6窟内的降尘浓度约为窟外的60%，第9窟的浓度高于有窟檐的第6窟而低于窟外浓度。从降尘速度来看，窟外年平均速度是每平方米每秒13.42微克，而第6窟内为每平方米每秒5.23/微克。窟内积尘在水平面上的厚度在5年内达到0.1～0.8厘米，从重量上来说，降尘的积累高达每平方米5公斤。

从窟顶不同地点、不同深度取土样进行可溶盐分析的结果表明，自上而下，SO_4^{2-}的含量逐渐减少，这是由于大气降水中硫酸与土壤中$CaCO_3$作用形成$CaSO_4 \cdot 2H_2O$沉淀所致。大气降水在入渗过程中，酸的浓度降低，其侵蚀能力下降，表层土由于接受酸雨作用的机会大于深部的土层，因此SO_4^{2-}的含量呈上多下少的规律。经过多年治理，特别

是109国道云冈段的改线以及周边污染企业的治理、大范围的绿化，石窟区的空气质量已有所改观，但要彻底根除这种危害，尚待时日。

1.4.2 生态环境

由于周边煤矿大量开采，地下水位日趋下降，河、泉干枯，生态环境受到严重破坏。另一方面，随着经济的高速发展，生产、生活用煤数量加大，燃煤产生的SO_2等气体排入大气层形成酸雨、酸雪，加剧了生态环境的恶化。

1.4.3 煤矿采空区

石窟四周煤矿众多，国营、地方国营、乡镇、民办煤矿星罗棋布，开采面积与采深日趋扩大。在石窟以外的地区，已发现地表有规模大小不等的多处塌陷漏斗。为了确保石窟的安全，采取了预留保安煤柱的措施。从目前的效果看，这一措施是可行的。

1.5 窟区地质特征

1.5.1 地层岩性

窟区地层结构较简单，属中生代中侏罗统上部和第四系中上部地层，包括第四系中更新统（残积—冲积）、上更新统（冲积—洪积）、全新统（冲积—坡积）及中侏罗统上部云冈组。云冈组对石窟有影响的地层可划分为6个岩性段，云冈石窟开凿于云冈组第2至第4岩性段。窟区地层如表1所示：

第四系

（1）全新统（Q_4）

主要分布在沟谷、山脚下及石窟北部高台地的局部低洼处，包括河流冲洪积、少许坡积及人类活动的近代沉积物，以粉土、砂土及砾石为主。砾石分选性差，磨圆度不等，母岩成分为区内岩石。坡积物为粉土夹碎石，厚度0~5米。

（2）上更新统（Q_3）

广泛分布于窟顶北部的高台地上，属古河床相的冲洪积层，以粉土（次生黄土）为主，夹砂土、卵砾石透镜体，具水平层理，质地较坚硬。

粉土：灰黄色、浅褐黄色，多孔隙，垂直节理发育，含砂砾5%左右，局部夹卵砾石薄层或透镜体。上部中密，稍湿，含植物根系，局部含钙质结核；下部砂砾含量增多，手搓砂感强，砾石磨圆度较好，偶见卵石，最大粒径2~5厘米。厚度0.20~6.50米，东西

表1　云冈石窟地层划分一览表

系	统	组	段	岩石组合特征	厚度（米）
第四系	全新统	Q$_4$		砂土、砾石、碎石，成分复杂，分选差	0～5
	上更新统	Q$_3$		粉土，多孔、垂直节理发育	0.2～6.5
	中更新统	Q$_2$		砂卵石层、粉质粘土层	2.0～8.0
侏罗系	中侏罗统	云冈组 J$_2$y	第六段（J$_2$y^6）	黄灰色中粒钙质长石岩屑砂岩	5.7～8.0
			第五段（J$_2$y^5）	紫红色泥岩（粘土岩）夹含铁泥（粘土）质粉砂岩	4.3～11.0
			第四段（J$_2$y^4）	黄褐、灰黄色粗中粒长石岩屑砂岩，铁、钙质长石岩屑砂岩，钙质长石岩屑砂岩	7.5～18.8
			第三段（J$_2$y^3）	灰、紫灰色泥质粉砂岩夹粉砂质泥岩	1.1～5.0
			第二段（J$_2$y^2）	灰黄色、黄白色粗中粒夹细粒钙、铁、硅质长石岩屑砂岩，局部夹灰色钙质泥岩透镜体，交错层理发育，窟区西部夹紫红色粉砂质泥岩	2.1～15.1
			第一段（J$_2$y^1）	紫红色细粒铁、钙质长石岩屑砂岩及紫红色泥岩（粘土岩）	9.8～10

院围墙内平均厚度1.06米，东部烽火台附近、西部明城堡内及以东的粉土层均较薄，一般0.3～0.5米，局部缺失。

（3）中更新统（Q$_2$）

砂土：在窟顶高台地广泛分布，灰黄色—褐黄色，成份复杂，分选性较差，大多含有粘性土，以砾砂为主，粗砂、中粗砂、细砂、粉砂均有揭露，夹粉土或粉质粘土薄层或透镜体；厚度变化较大，一般1.0～2.5米，最大4.3米；层顶埋深0.2～2.0米，上与粉土接触，下与卵石层或基岩接触。

卵石层：一般出露在砂土层之下，层底一般与砂岩或泥岩直接接触，卵石含量50～70％，中、粗砂含量大于15％，粉、细砂含量一般在10％左右，大多含有粘性土，卵石粒径一般3～6厘米，最大超过15厘米，颗粒级配较好，分选性差，呈松散状；卵石母岩成分为砂岩、变质岩、火成岩和灰岩，局部夹有厚度不大的浅棕红色粉质粘土，主要分布在窟区西院的西部、东院的烽火台东部和南部。

侏罗系

第四系地层与下伏侏罗系地层呈角度不整合接触。第四系之下与石窟保护有关的云冈组各岩性段由上而下为：

（1）第六段（J_2y^6）

出露于石窟东北部、围墙西北角、变电站附近的山头上及水泉村以南，岩性为黄绿色、黄灰色中粒钙质长石岩屑砂岩，砂状结构，厚层层状构造，石质疏松，易风化，常呈砂粒脱落，岩石中常见石英质砾石，少许肉红色长石碎块，砾石多为角砾，直径约2～4毫米。下伏J_2y^5紫红色泥岩、夹铁质粘土质粉砂质泥岩、细粒铁质长石岩屑砂岩。可见厚度5.7～8.0米。

（2）第五段（J_2y^5）

广布于云冈石窟之北、水泉村以南地区，石窟陡崖之上多有出露。岩性为淡紫红色、灰紫色、暗紫色泥岩（粘土岩）及含铁粘土质粉砂质泥岩，呈薄层状—中厚层状，泥岩中粉砂以石英、长石及岩屑为主，约占25%，其中夹有紫灰色、淡紫色、灰黄色细粒铁钙质长石岩屑砂岩，本层厚0.1～2.0米。该段岩石中普遍含有大量球形、椭圆形的砂质铁质白云岩结核，一般直径为10～15厘米，最大30厘米。

（3）第四段（J_2y^4）

出露于窟区西围墙外和吴官屯河南岸，多形成悬崖陡壁，为石窟佛像群上部岩层，岩性为黄褐色、灰黄色、黄色及肉红色含砾粗中粒长石岩屑砂岩，粗粒铁、钙质长石岩屑砂岩，中粗粒长石岩屑砂岩及中粗粒钙质长石岩屑砂岩。局部地段（第2、3窟之间，第9窟附近及吴官屯河南等地）夹多层黄灰色薄层状细粒—中细粒泥质长石岩屑砂岩，单层厚度10～20厘米，变化大。本段岩石质地较疏松，易风化，具交错层理。厚度变化大，东院东部厚8.5米，月牙墙附近厚7.5米，中间（第2窟～20窟之间）厚达16.0～18.8米。

（4）第三段（J_2y^3）

呈东西向断续出露于石窟佛像群区及两侧，岩性为灰绿色、灰紫色泥质粉砂岩夹暗紫色粉砂质泥岩，东部表现为两者互层。第6窟以西以灰黄色泥质长石岩屑砂岩为主，具水平层理，厚度1.1～3.5米；20窟以西至月牙墙一带以紫色泥岩（粘土岩）夹紫色、灰紫色泥质、铁质细粒长石岩屑砂岩为主，厚度5米左右。质地松软，易风化成碎片—碎块。

（5）第二段（J_2y^2）

出露于石窟佛像群区，呈东西向分布，位于悬崖陡壁的下部，岩性为厚层—巨厚层黄色、灰黄色粗中粒钙、铁质长石岩屑砂岩，粗中粒长石石英砂岩，钙质长石岩屑砂岩夹灰黄色细粒长石岩屑砂岩。交错层理发育，以大型板状斜层理为主另有楔状交错层理，斜层理的倾斜方向以向东和南东为主，显示出古河流的流向。东段第2窟以西和西段月牙墙以西夹灰色砂质泥岩和泥质长石岩屑粉砂岩，厚度0.9～4.4米。岩石中局部见冲蚀槽，出现泥岩的充填构造。本段岩石厚度变化大，从东到西是2.1米～15.1米～10.3米。

（6）第一段（J_2y^1）

仅出露于一窟以东，岩性为紫红色细粒铁质、钙质长石岩屑砂岩及紫红色灰紫色泥岩，夹0.6米灰白色中粒钙质长石岩屑砂岩。薄层状、块状岩石质地松软，易风化成碎块，可见最大厚度9.8米。

1.5.2 地质构造

云冈地区位于山西台背斜大同平鲁拗陷区东北端。为一个北北东向的箱形向斜构造。两侧受断裂影响，局部呈倒转状。东北部还出露一系列北东及北北东向的冲断层及正断层。区内岩层产状平缓，一般倾角3～4°。倾向多为北西—北东向。断层和裂隙均不大发育，表明各种构造活动比较微弱。区内有关的小断裂和裂隙发育情况如下：

（1）正断层：分布在石窟的西墙外，该断层走向北东50°，出露长度45米，断层面倾向320°，倾角67°，西盘下降，东盘上升。断距约4～5米，断层带中充填有破碎的砂岩岩块和方解石细脉。

（2）裂隙：区内以构造裂隙为主，亦发育有卸荷裂隙、风化裂隙等。

1.5.3 水文地质

本区地下水主要有风化壳网状裂隙潜水、第四纪冲洪积层孔隙潜水以及上层滞水等类型。

（1）上层滞水

由于石窟顶部地形高低不平以及人为的影响低洼区较多，造成大气降水贮存，为地表水入渗创造了条件。西部（指以城堡为中心）和中间的冲沟（第13～14窟之间）东部的砂岩顶部均有不同厚度紫红色泥岩和砂质泥岩夹层以及粉质粘土层，大气降水入渗到这些层位时，由于呈透镜体范围不大，故一部分水绕层入渗，另一部分水以薄膜水的形式存在于泥岩与粉质粘土中。受基岩夹层泥岩与砂质页岩透镜体的影响，入渗水受阻后

以上层滞水的形式存在于泥岩透镜体中。由于本区基岩产状近于水平并且砂岩中泥岩与砂质泥岩隔水性好，故上层滞水能够长期贮存。而排泄渠道主要是石窟砂岩中的裂隙和孔隙。

（2）第四系冲洪积孔隙潜水

主要分布在石窟前第四系地层中，根据1965年方玉禹编写《地球物理勘探方法在云冈石窟的应用》报告资料及十里河南岸112号孔资料。从潜水面以下至30米地段裂隙最发育，是含水量最富地层。本区地下水分别以东南和南西两个方向流向村中心，大约经云冈小学附近向十里河排泄。

（3）风化壳网状裂隙水

本区主要以侏罗系云冈组中粗粒长石石英砂岩为主夹有不均匀的薄层砂质页岩、泥岩透镜体，而且风化裂隙发育，使本区具有一定程度的贮水条件。由于砂岩厚度较大，裂隙受夹层泥岩与砂质页岩等相对隔水层的影响。裂隙水以下降泉的方式出露，通过调查工作可知，第2窟内泉水即属此类型，受季节影响变化较大。泉标高在1142.50米左右，出露在第2窟北壁西北角粗粒长石石英砂岩与砂质页岩交接处。现流量为每秒0.039公升，1963年根据资料平均流量为每秒0.064公升。另离第2窟不远的路边泉，1963年平均流量为每秒0.045公升，而现在无水，只在雨季呈水湿现象。通过1960年观测资料，大气降水补给约滞后一个月。说明补给源较远。根据水化学分析资料，第2窟泉水化学类型为HCO_3—Mg、Ca、Na型水，固型物为每公升397毫克，总硬度为13.54德度，PH值为8。

1.5.4 云冈石窟主要工程地质问题

根据野外工程地质测绘及钻探资料分析。石窟区主要工程地质问题有：裂隙、边坡稳定、渗漏、侵蚀、崩塌等。

（1）裂隙

区内裂隙发育种类较多。受构造影响以构造裂隙为主亦发育有风化裂隙及岸边裂隙和卸荷裂隙。它们在外表特征上有明显的差异。对岩石破坏作用以及所引起的工程地质问题都有所不同。

构造裂隙：

东部裂隙发育方向主要有290～300°，355°，10～30°，90°四组，其中以90°

的一组较发育。倾角多在75～85°之间，裂隙宽0.1～5cm。中、西部裂隙发育方向主要有305～355°、287°、40～80°三组，其中以40～80°的一组较发育，倾角一般78～85°，有的甚至直立，裂隙宽一般0.2～5厘米，最宽可达20厘米。

以上裂隙多属张性裂隙，裂隙宽0.1～2厘米，有泥沙充填或无充填，少数为闭合裂隙。区内裂隙发育的另一个特点是，在较坚硬或中等坚硬的砂岩中，裂隙相对发育，而在较弱的泥岩或砂质泥岩中，裂隙相对不太发育。在整个出露的地层中，从表层往下，裂隙的开比由宽变窄，直至闭合。

风化裂隙

一般风化裂隙发育很不规则，多呈不规则的网状或杂乱无形的特征，另有一些裂隙呈树枝状或顺层面发育的特征。裂隙内有钙质半充填，大多数风化裂隙水平连通性好。裂隙在垂直方向延伸性好，裂隙面不太平整。在粉砂岩中比粗粒砂岩中发育，并在裂隙面附近有不同风化现象。在石窟东部较明显。

其他裂隙：

窟区岸边剪切裂隙和减荷裂隙均有发生。裂隙一般发育在前壁面下部，裂隙较大，充填物较杂，延伸较远，产状近直立。

从以上各种裂隙的工程地质评价角度讲。各种裂隙的发育对岩石的整体性破坏都不同，对石窟围岩及立壁面岩体的稳定程度影响也不相同。裂隙的发育促进岩石风化的进展，降低了岩石力学强度，为岩石的风化破坏提供了条件。

（2）渗漏

众所周知，地下水与大气降水对石窟岩石风化起着很大的作用。在窟区顶部的大气降水一部分以地表迳流的方式排泄出本区，另一部分由于地形的影响在低洼区汇集，除少数蒸发外大部分向下入渗。主要表现在两个方面：

入渗的一部分水通过表层粉质粘土以渗透系数每秒3.50×10^{-5}～1.38×10^{-3}厘米（实测值）向下部砂砾石渗透。而在砂砾石层中以渗透系数每秒8.68×10^{-2}～2.37×10^{-2}厘米（经验值）的速度渗透至基岩顶面。由于基岩顶部不平整，入渗下去的水汇集后向低洼区流去，通过连通性好的裂隙和孔隙继续向下部入渗，顺裂隙或水平层理而排泄。一般情况下渗水量小呈湿润现象，而在雨季则以滴水或微弱流水的方式排泄。

入渗的另一部分水通过表层粉质粘土和砂砾石向下部基岩入渗遇砂岩夹层泥岩、砂

质页岩相对隔水层阻水形成上层滞水。由于贮水条件好故能长期贮存，并通过连通性好的节理裂隙，以长期补给的方式排泄。此种现象主要表现在本区西部砂岩夹泥岩透镜体中。另外第6窟、第3窟东北角雨季后滴水动态较稳定，总是保持每分10～12滴，说明上层滞水是本区裂隙渗漏的主要补给源之一。

（3）崩塌：

基岩崩塌多发生在地形坡角陡峻的砂岩中，基岩中的节理裂隙在重力作用下，常呈卸荷状。一般顺水平层理发育的地方，泥岩夹层的泥岩面等易崩塌。在石窟区西部与露天大佛处基岩顺层理面崩落就属此现象。其规模不大，但对石窟文物的影响属不可忽视的工程地质问题之一。

本区地震烈度最大7度，一般不超过6度。

2. 历史上云冈石窟的维修

随着时间的推移，朝代的更替，云冈石窟在历史发展的进程中几经盛衰。石窟中的遗迹向我们昭示了这一进程。

据《大金西京武州山重修大石窟寺碑记》载："唐贞观十四年（公元640年）守臣重建"。《古清凉传》卷上记载，俨禅师"每在恒安修理孝文石窟故像"。但无法辨认唐代重修和重建的具体内容。据考证，第3窟中的佛像，可能为初唐时在北魏未完工的洞窟中续雕的。主像面相丰颐，颈下饰三横纹，菩萨宝冠正中饰化佛与宝瓶，雕饰繁缛，面容亲切。唐代不少僧人以各种形式对云冈石窟作了描述，其中盛唐宋昱的《题石窟寺·即魏孝文之所置》写道："梵宇开金地，香龛凿铁围。影中群像动，空里众灵飞。"出神入化、贴切入微的描绘，突出了云冈石窟引人入胜的艺术风貌。

辽重熙十八年至清宁六年（公元1049～1060年），云冈石窟进行过大规模的工程，在洞窟前与崖面相接处兴建了所谓"云冈十寺"，即"一通乐、二灵岩、三鲸崇、四镇国、五护国、六天宫、七崇福、八童子、九华严、十兜率"。辽保大二年（公元1122年），十寺毁于兵火。此外，第13窟南壁下部佛龛座上曾发现辽代"修大小一千八百七十六尊"佛像的铭记，可知辽代曾对一批佛像进行过整修。第11窟中心塔柱南面下层胁侍菩萨应是辽代遗物，其风格与大同华严寺辽塑相似。现存云冈第1～20窟崖面上部大量的梁孔椽眼即为辽金建筑遗存。

清顺治八年（公元1651年）驻宣大总兵佟养量募集官资，在第5、6窟重建四层五间木结构楼阁，之后以此为中心增建了配殿、过殿、山门等，形成了较为规整的寺院格局，名曰"石佛古寺"。清代曾数次对云冈石窟进行个别洞窟窟檐的修建和洞窟佛像的重新泥塑与彩绘。第5、6窟及五华洞（第9～13窟）留下的艳丽色彩即为这一时期所为。后期在东部窟群崖壁上补刻的数十方题记，也是研究云冈石窟这一时期历史状况的重要材料。

历史上窟前建筑（窟檐）的修建，既能够在一定程度上防止雨水对洞窟外壁面雕刻的直接冲刷；也能防止阳光的直接照射引起雕刻表面温度的剧烈变化；又能够缓解石窟内部温湿度的剧烈变化，客观上对石窟起到一定的保护作用。而对已经或未风化的石雕表面进行的包泥彩绘，虽然对石雕的表面有一定的破坏作用，但是客观上也使得雕像表面渗水从泥皮表层蒸发，其中的可溶盐在泥皮的表层结晶，避免了大量的可溶盐在石雕表面结晶造成石雕的严重风化。

进入20世纪初，云冈石窟建造了具有北方民居特点的别墅和六角亭，开凿了浅水井并修饰了东花园；在窟区南150米之外，新盖数十间窑房，将居住在石窟内的村民迁走。之后的数十年间，云冈石窟再次处于无人看管时期而遭受人为破坏和自然侵蚀，损坏十分严重。丢失佛头约1500余个，被胡乱凿孔10多处；洞窟裂隙纵横交错，悬石摇摇欲

表2　后世石窟修建目录

窟号	位　　置	时代	特　点　与　价　值	现状
3	后室北壁西侧	初唐	一佛二菩萨造像一铺，佛像高10米，端庄丰满，气质浑厚，衣纹轻薄贴体；菩萨面容亲切，形体丰硕。具有初唐造像的艺术风格。	完好
11	中心塔柱南面下层	辽	两身胁侍菩萨姿态相似，身姿秀美，戴素面宝冠，披帔帛，著长裙，裙带束花结，为云冈辽代艺术精品。	完好
5	窟前	清	顺治八年（公元1651年）重修四层五间木结构歇山琉璃瓦楼阁一座，通面宽14.2米，进深7.7米，总高20.04米。	完好
6	窟前	清	顺治八年（公元1651年）重修四层五间木结构歇山琉璃瓦楼阁一座，通面宽14.7米，进深8.1米，第三层与第5窟阁楼相通。	完好
7	洞窟前室	清	顺治八年（公元1651年）重修三间三层木结构硬山灰瓦楼阁一座，通面宽8.2米，进深6米，总高17米，第三层与第6窟楼阁相通。	完好

坠，坍塌现象比比皆是，石雕风化剥落随处可见，残留的建筑岌岌可危，残垣断壁一片狼籍；窟内外瓦砾遍地、杂草丛生，一派凄惨荒凉景象。

3. 1949年以来云冈石窟的保护维修

1949年，大同市和平解放。在各项事业百废待兴之际，大同市人民政府副市长李海波率领干部群众，清理洞窟积土、清除窟前砖石片瓦、铲除杂草，使石窟整体初步具备开放条件。1955年，云冈石窟成立了专门管理机构，派专职人员负责保护管理。半个世纪以来，云冈石窟的保护管理工作，从开始的环境整理到建筑的修缮；从石窟大规模地质调查到科学试验保护工程的进行；从防止崩塌抢救性工程的实施，到石雕风化的治理。经过50年的保护维修，石窟已基本处于稳定状态，成为保存基本完好，旅游设施基本齐备的国内重要旅游景区和重要文物保护单位。

3.1 整理环境保护修缮时期（1955年～1959年）

自1955年云冈石窟成立专门管理机构以来，老一代文物保护工作者克服管理范围大、任务重、工作和生活条件差、交通不便等困难，先后翻修了第5、6、7窟木结构窟檐（包括门窗、楼板、护栏的修配和瓦垄构件的补配），增设了别墅院围墙护栏，整修了窟前道路。之后，将山门前斜坡土路改建成符合传统建筑形制的台阶月台；月台前铺墁了河卵石甬道；维修了山门前清代戏台；山门外东、西两侧的围墙向后推移，扩展了山门前广场。使石窟、古刹更加肃穆洁静、和谐统一。随后，又修整了东、西厢房，改建了第5窟前正南的5间办公接待室和第7窟前正南的3间办公室。补墁了山门院、5窟院、6窟院的地面砖。平整了五华洞即第9～13窟窟前地面，同时在其南侧垒砌约80厘米高的挡土墙，再往南垒砌了高约2米的护壁石墙。利用自然地形，形成北高南低的三级台地。最南边的低凹地，规整开辟为西花园，与已有的东花园遥相呼应。进入1958年，经过两年的筹建，专项投资架设的电路正式开通。从此，结束了云冈石窟没有电的历史，给石窟保护与研究、工作人员的工作和生活带来了极大的便利。同年，在第9、10、12、13窟窟内铺墁了砖地；在第20窟窟前台地东侧铺建了台阶；绘制了参观游览路线图；规划制定了云冈石窟保护范围。经过多年的努力，为云冈石窟的保护和管理创造了良好条件，为游人参观提供了较为舒适的环境。

3.2 石窟保护试验研究时期（1960 年～1965 年）

20 世纪 60 年代，国家科委将石窟保护项目列入十年科研规划之中。为此，国家文物局在京召开了"云冈石窟保护会议"，拉开了云冈石窟科学保护的序幕。1960 年文博研究所（中国文物研究所前身）与北京地质学院（中国地质大学前身）联合组成了调查组，对云冈石窟展开了大规模的地质勘察、病害调查及保护材料和方法的研究。为了掌握渗水途径和风化程度，调查组在第 18 窟窟顶开凿了 9 米深的观察井，在第 3 窟东侧开凿了 3 米深的平洞，并筹建起云冈石窟第一个气象观察站。经过半年多的野外作业，收集了大量的第一手资料，撰写了《云冈石窟工程地质问题的报告》。报告包括云冈石窟残破状况、自然破坏的主要因素与今后修整的意见，同时指出了崩塌与风化是危害云冈石窟的主要问题。为了保护石窟文化遗产，建议采取①修建护壁、②排水防渗、③大佛的保护、④对已风化的造像、雕刻进行加固的综合性保护措施。

根据上述研究成果和保护文物的特殊要求，1961 年成立了"云冈石窟保护委员会"。在第一次全体会议上，决定以"云冈石窟第 1、2 窟为试点"进行修整试验。力争从试验的各个方面，取得一套科学维修保护石窟的经验和方法。这项试验工程的设计方案经国家文物局批准实施。

第 1、2 窟试验工程方案是在"保护现貌，留有余地，争取达到'有若无'的境界"的修缮原则指导下进行具体设计的。同时，要求在技术措施上采用"隐蔽结构"的处理方法，经过施工，基本上达到设计要求。

第 1、2 窟试验工程确定的工程项目分土建工程和化学保护工程。

其中土建"隐蔽结构"工程包括①前立壁加固：基础挡墙；第 1、2 窟框架；第 2 窟前壁西段钢筋混凝土柱；第 2 窟前壁石墙。②间墙加固工程：间墙基础加固；锚杆试用。③第 2 窟寒泉处理工程：下降寒泉水位；泉水引导排泄处理。

化学保护工程包括①应用聚甲基丙烯酸酯类材料灌浆加固第 1 窟塔柱腰部水平裂隙、塔柱座基岸边切割裂隙，第 14 窟塔柱水平、垂直裂隙。②应用甲基丙烯酸酯类材料归安粘结第 9 窟以外西端中部龛内坐佛头脸、手臂、肘部雕刻等。

1964 年和 1965 年，完成了为期两年的第二期试验工程。该期工程采用土建隐蔽结构的钢筋混凝土框架将第 21～51 窟绝大多数洞窟的前立壁危岩支顶加固，并对其中第 26、

30、34、42 窟前壁面上部进行了锚杆牵拉加固，应用聚甲基丙烯酸酯类材料和环氧树脂材料灌浆粘结归安了第 22、23 窟坍塌的间墙和顶板，第 32 窟顶板和第 1 窟门拱悬石。

通过两期试验工程，经过几年的试验研究，应用化学材料灌浆粘结、锚杆牵拉结合传统加固技术的方法为石窟保护开辟一条新路并得以推广应用。在此期间，我所有关人员参与了科学研究和试验工程，在实践中得到锻炼，为做好石窟的科学保护打下良好基础。

1963 年 11 月，董必武副主席赴内蒙古自治区视察工作途经大同参观云冈石窟时，要求市政府在云冈石窟植树造林，尽快搞好绿化。此后，由原雁北专署和大同市党政领导以及驻军首长带头，在云冈石窟保护区内展开大规模植树造林活动，改变了石窟区的环境面貌，改善了窟区小环境的气候状况，为防止风沙对石窟的侵袭增添了一道绿色屏障。

1965 年 2 月，大同市人民政府公布了由文化部、山西省政府批准的"云冈石窟保护范围与安全规则"，包括重点保护区、安全保护区、地下保护安全线三个部分，使云冈石窟形成地上、地下网状立体式的保护体系，确保了石窟的安全。

3.3 防止石窟崩塌抢险加固时期（1973 年～1976 年）

1973 年 9 月 15 日，周恩来总理陪同法国总统乔治·蓬皮杜参观云冈石窟，周总理对随行的中外记者宣布："云冈石窟艺术，我们一定要想办法保存下来。刚才说有一个十年规划，时间太长了，要三年修好"。为了落实周总理的指示，在各级领导和有关部门的支持、指导下，对云冈石窟展开了大规模的维修保护。该项工程从 1974 年开始至 1976 年结束，称为"三年保护工程"，保护原则为"抢险加固、排除险情、保持现状、保护文物"。

3.3.1 "三年保护工程"保护方法

①应用环氧树脂对洞窟东西向的岸边剪切裂隙进行灌浆粘结加固；对残断、脱落的石雕粘结归安复位；补配必要的雕刻（艺术修复）。

②应用楔缝式或螺栓式钢制锚杆，把裂隙前的危岩固定在裂隙后的稳定岩体上，应用环氧树脂灌浆将金属锚杆、危岩以及稳定岩体三者牢固地粘合为一体。

③应用传统土建工程"隐蔽结构"的手段作崖壁支护。进行页岩风化蚀空带补砌，防渗排水，木构件生桐油断白加固。

"三年保护工程"涉及范围包括五华洞（第 9～13 窟）、昙曜五窟（第 16～20 窟）、第

5、6、51 窟窟内以及第 7 窟上方危岩局部加固。

3.3.2 "三年保护工程"实施情况

工程期间将第 5、6、7 窟木结构建筑全部用生桐油涂刷，补配了残缺构件。

第 5 窟窟门东内侧石雕断裂移位，至使上方石雕部分残缺。施工中将移位石雕归安原位并灌浆加固，补配料石粘补残缺并进行雕凿修复。

第 6 窟北壁佛龛西侧立柱切割蚀空部位采用着色混凝土补砌，裂隙用化学材料灌浆加固。东壁崩塌之处，曾用砖、泥堵塞。施工中撤除砖泥，下部用块石砂浆垒砌，上部 0.5 米处用料石加化学材料补砌。中心塔柱基座部分严重风化蚀空部位，用石块水泥砂浆垒砌，四面短缺沿面用料石化学材料粘补雕凿。

第 7 窟窟外上方有重约 30 吨的悬石，局部脱离山体 30～50 厘米，明窗外顶部有岸边裂隙切割。施工中将悬石周围碎石剔除，砌块石砂浆支护，然后应用化学材料进行裂隙灌浆加固。

第 7～10 窟上方崖壁的页岩层风化蚀空长约 60 米，宽约 3 米，施工中将页岩层内风化层剔凿约 60 厘米，用片石水泥砂浆垒砌堵塞支护崖壁。

第 9、10 窟窟外顶部有厚层积土约 150 立方米，清除后发现五开间的梁槽和辽代砖件。两个洞窟前室顶板有一东西向裂隙，长约 30 米，最宽处达 20～30 厘米。工程期间，从窟壁和窟顶安装相互平行的垂直崖壁面的锚杆 21 根进行牵拉，应用化学材料进行裂隙灌浆，残缺空洞补石粘结。第 9、10 窟间墙最薄处仅 10 厘米左右，壁面裂隙纵横交错，导致部分雕石错位。针对这一情况，采用了归安错位雕石、化学材料裂隙灌浆加固的方法。第 9 窟存放的 300 年前脱落的顶板团莲雕石，采用锚杆吊拉、化学材料灌浆粘结的方法使其归安原位。第 9 窟西壁前下方用钢筋混凝土墩支顶，东壁裂隙灌注水泥砂浆填堵。第 10 窟西次间门柱上方劈裂，门楣残缺，门柱大象腿部残缺。施工中将西次间门柱大象腿和门楣补齐，上方劈裂处采用化学材料灌浆。与此同时，在第 9、10 窟窟前东西 30 米，南北 13 米，约 400 平方米范围内进行考古清理发掘，发现基岩有雕饰和柱础遗迹，经拍照、测绘记录后回填。

第 11 窟窟门、明窗以及前壁东龛的多条裂隙，窟内塔柱西南角胁侍菩萨像上的裂隙，均应用化学材料灌浆、粘结加固。前壁东转角上方的危岩，采用立钢筋混凝土柱支顶的方法加以治理。

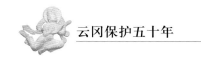

第11、12窟前立壁崖面被裂隙切割坍塌无存，施工中采用钢筋混凝土柱、梁进行支护，同时补齐第12窟前室顶板及东次间。

第12窟前室顶板与东西壁有两条裂隙，前者将东次间窟顶切割，使门楣及其东部毁坏，尚存的前壁窟顶受裂隙的影响成为重约30吨的悬石，支撑它的两立柱亦风化剥蚀变形。对此险情，前人临时在窟外戳顶木杆一根，在窟内布两根木柱支顶。本次施工中平行安装7根锚杆牵拉，所有裂隙均采用化学材料灌浆加固，较宽裂隙加填料分层次灌注加固。之后将戳杆和木柱撤除，粘补三块雕石使门柱补配完整。同时，在清除窟顶外的积土时发现有石雕瓦垄残脊，说明在北魏开凿石窟时曾经同时雕凿了对石窟具有一定保护作用的石雕仿木结构窟檐。

第13窟主佛后部裂隙使主佛与岩体分离，头部、右臂、腰部有纵横向裂隙。洞窟顶板有塌陷遗痕，东壁有上下两条裂隙，明窗顶有悬石一块。窟外西侧佛龛下部失去支撑，中部发育有岸边裂隙。工程中将窟内外所有裂隙用化学材料灌浆加固，主佛臂部除灌浆外还安装3根锚杆牵拉，顶板塌陷处补料石粘结，窟外西侧中部佛龛下部用工字钢混凝土支顶。

第15窟窟内顶板有一重约750公斤的悬石，前人曾用木柱支顶。本次施工中摘取碎石凿去风化层，用化学材料粘结归安原位。

第16窟主佛背光有一条2厘米宽的裂隙。该裂隙从主佛头部贯穿至腰臂，致使主佛前倾，有崩塌的危险；胸部有一长约4米，高约0.4米的页岩风化蚀空带，延伸至东壁；左右膝部各有悬石一块，左脚下宽约1厘米的水平裂隙将脚面和脚底分割开，右脚脚指脱离，脚面蚀空。窟内距地面1米左右环绕窟壁有一长约18米，宽约1米，入深最大1.5米的页岩风化蚀空带，雨后由此渗水。洞窟东西壁、门拱顶部、明窗、顶板都有大小不等的裂隙。针对主佛背后存在的裂隙问题，用10根4米长的锚杆将其与岩体牵拉锚固，并灌注化学材料加固；主佛与其他部位的裂隙及悬石用化学材料灌浆加固或归安粘结加固，胸部及其东部风化蚀空带用化学材料粘接料石并雕凿，页岩风化带用片石砂浆垒砌添堵严实，并在砌体底部预留排水孔。

第17窟主佛后从头部向下有一高约3米，内宽约0.5厘米，外口达20～35厘米的裂隙，腰部有一长约8米，宽约0.4米的页岩风化蚀空带，蚀空深度最深达30厘米，这样主佛上部失去支撑。该窟门拱两侧、拱顶有裂隙向窟外延伸；明窗两侧都有长4～5米，宽 2 厘米的裂隙；东西壁有长 5～17 米，宽 1 厘米的岸边裂隙；北壁主佛两侧岩石风化剥蚀严重，影响主佛安全。第 17 窟主佛采用 9 根锚杆与岩体牵拉，细小裂隙封闭加压灌浆，宽大裂隙分层次加填料封闭灌注，页岩风化蚀空带，用化学材料搅和水泥粘砌料石填补支顶，并顺周围纹饰雕凿做旧。主佛两侧风化岩体，用片石荒料水泥砂浆垒砌支护。

第 18 窟主佛腰部及腿部有上下两条页岩层风化蚀空带，导致主佛失去支撑而前倾断裂；背后发育上宽下窄的裂隙，给主佛的安全造成严重威胁；主佛面部残留前人安装的木质鼻子，破坏了主佛的形象。主佛东侧雕凿的弟子头像，颈部风化剥蚀严重，头像摇摇欲坠。洞窟内顶板有悬石、裂隙，东西壁发育岸边裂隙，明窗两侧壁面错位（前人用木楔将裂隙勾联）、门拱两侧及拱顶有裂隙。对此，主佛采用 4 米长的锚杆牵拉、化学材料灌浆的方法加固。撤换主佛木质鼻子，粘结石料雕凿成的石质鼻子。对蚀空部位采用化学材料加岩石粉制作的粘稠泥粘结料石垒砌补修并雕凿做旧。主佛两侧风化塌陷处用片石荒料水泥砂浆垒砌填堵支护。其他裂隙均进行灌浆处理，悬石粘结加固。弟子头像埋设钢筋，头颈下方托拉。胁侍佛黑瞳孔补齐。

第 18 窟与第 19 窟东耳洞之间的前立壁，受页岩风化层剥蚀及岸边裂隙交错作用，崩塌约 120 立方米岩壁，使 19 窟东耳洞南壁破损，立壁成倒坡悬空状，常有悬石掉落，严重威协石窟和游人安全。针对这一情况，在前立壁下部开凿四根 50 厘米宽的柱槽，浇注钢筋混凝土柱梁框架支护，外包水泥砂浆片石做旧，这样不仅解决了危石崩塌的问题，而且补齐了 18 窟门沿。

第 19 窟内地面以上 4 米和 6 米处，围绕窟壁四周有两层页岩风化带。前者宽 0.2～0.35 米，后者宽 0.08～0.5 米，蚀空深度 0.08～1.3 米。主佛背后有一上宽下窄的裂隙，长约 3 米，宽 1～3 厘米。佛像向前倾斜，头部前额有水平裂隙切割将头部上下分离，右面部裂隙与后背裂隙勾通，鼻梁上裂隙与颈部裂隙相连。主佛右侧严重下沉错位，右臂压力过大将早已支顶的石柱压碎，右手小指用一根木棒替代，腿部有纵横交错 5 条裂隙，大腿外侧风化蚀空，后壁风化剥蚀严重。门拱、明窗两侧及顶部裂隙向窟外延伸。针对此情形，主佛的裂隙除化学灌浆加固外，安装 4～6 米的锚杆 12 根，将头部、右膀、右臂、右身与岩体牢固牵拉，并在右臂下方增大支撑柱体积，腰身及窟壁蚀空处补砌料石支护，腿部两侧蚀空处与后壁风化剥蚀处用水泥砂浆垒砌片石填塞支护。除西壁裂隙只封护外，其余所有裂隙使用化学材料进行灌浆加固，。

第20窟洞窟早年崩塌，释迦牟尼像成为著名的露天大佛，现仅存大佛与东胁侍以及残留在窟壁的火焰纹背光、飞天等浮雕。石雕大佛及胁侍的胸腹部页岩层风化蚀空，西壁呈倒坡悬空状。大佛后部及头、颈处发育裂隙，耳、鼻微损。东胁侍头、胸部有裂隙。大佛后部开凿有不规则的空洞，佛头上方悬空砖石摇摇欲坠。针对这些问题，采用钢筋混凝土柱梁框架，外包片石砌体支护西壁倒坡。配制料石粘补页岩蚀空带并顺势雕凿恢复旧貌。然后用化学材料对裂隙进行封闭式压力灌浆加固。粘补佛像耳朵和鼻尖。后壁暗洞垒砌片石砌体支顶，摘取悬空砖石，平整崖顶修筑排水渠道。

第51窟外拱顶东侧有崩离壁面的北魏造像碑石一块，前人用木柱支护窟内顶板悬石。工程中将造像碑石用化学材料粘结归安原位，窟顶悬石摘除，残留顶板封护加固。

同时，在此期间完成了第9、10窟窟檐设计，进行测震工作，摄制电影资料，进行第14～19窟、第5～8窟、第20窟崖顶排水防渗，第16～19窟崖顶护坡片石砌筑等工作。

本次加固工程，通过各方面的共同努力，按时完成了任务。1976年10月中旬，国家文物局局长王冶秋率专家组对工程进行了全面验收。之后，这次工程中应用的"围岩裂隙灌浆加固技术"受到"第一次全国科学大会"的嘉奖。

通过"三年保护工程"的实施，挽救了一大批濒临崩塌的洞窟及雕刻，基本上解决了主要洞窟及雕像的稳定性问题。同时，培养了人才，锻炼了队伍，为进一步解决石窟的科学保护等问题打下良好基础。

3.4 全面维修时期（1977年～1989年）

自"三年保护工程"之后，云冈石窟加固维修仍在不断持续进行。在此期间，始终坚持依靠自己的工程技术队伍，按计划进行加固保护工作。针对存在的崩塌险情，遵照文物保护修复原则，曾先后完成了第5窟及东部无名窟，第6窟，第7窟和第8窟间墙前壁落石（1979年7月18日）后的残存崖面，第1、2窟窟外佛龛，第3窟，第3窟前室及顶板（1980年7月7日、7月8日、8月3日三次坍塌），第3窟外上方立壁面，第4窟，第4、5窟之间过桥，第12、13窟前立壁上方悬石，第25～29窟，第33、35窟，第48窟悬石和第51窟的维修加固。完成了第1～3窟护坡工程，第1窟东围墙工程，第5、6窟木结构及附属建筑物拘抿，第5窟东无名窟清理，第20～51窟铺石工程，第50窟路基工程，第13、14窟冲沟蚀空带加固工程，第5～53窟崖顶排水渠修整工程，龙王庙沟考古发掘及修整、垂花门修整工程等。同时，建立了气象站、文物保护实验室，完成了供暖设施和接待院修建等工程。

3.5 石窟风化治理规划实施阶段（1990年后）

云冈石窟的稳定性问题基本解决之后，石窟的风化问题就显得分外突出，需要深入研究，采取针对性的措施加以治理。通过30余年的研究，1990年在云冈石窟召开了"云冈石窟风化治理规划"专家论证会。会议邀请了地质、水文、化学、古建及文物保护专家，就石窟风化问题从地质地貌、大气降水、凝结水、毛细水以及环境污染等诸方面进行了认真研究与讨论。认为造成石窟风化的主要原因是上述诸多因素相互作用的结果。云冈石窟风化治理工程必须采取改善环境、窟顶防渗和恢复保护性窟檐三方面综合治理。会后，有关部门根据会议精神进一步完善了《云冈石窟石雕风化治理方案》。

随后不久，在中央领导的关怀下，各级政府分别拨款，从1992年起，拉开了"云冈石窟风化治理工程"（"八五"维修工程）的序幕。5年中先后完成的项目有：①降低窟前地面，考古发掘，修建排水渠道，增设安全监控、输电线路，硬化地面，②修建保护性窟檐，包括恢复第8窟窟檐、设计第9、10、19窟窟檐；③保护性围墙：崖顶修建保护性围墙、旧围墙翻修扩建；④洞窟保护维修加固工程；⑤窟顶防渗排水试验研究工程；⑥制定《云冈石窟规划》，编制《云冈石窟保护管理条例》。其后，1998年"一〇九"国道云冈段得以改线；2001年，云冈石窟申报列入《世界遗产名录》成功；2002年，云冈石窟防水保护工程全面启动。

3.5.1 降低窟前地面工程：原有窟外地面明显高出窟内地面。窟外地面为多年堆积杂土，这样的地面，在雨季既会发生倒流，又会使大量的雨水渗入地下。所以，降低硬化地面，疏导大气降水，防止雨水倒灌及毛细水的上升是保护石窟的一项重要措施。工程中降低第7～20窟前地面6318平方米，降低第1～4窟前地面3832平方米。修建排水渠道206米。埋设各种线路管道880米。

为配合窟前降低硬化地面工程，由专门的考古队伍进行了考古发掘。通过历时两年的考古发掘工作，发现大量的遗物和遗迹，遗物中有北魏、唐、辽、金及其他时期的石雕造像、虎头门墩、龙头、狮子、石磨盘、石盖、钱币、瓦当、生活用品和各种建筑构件600余件。遗迹中有北魏及辽金时期的河坝、供佛台基等。这次考古发掘，不仅对了解云冈石窟的历史地貌、开凿程序和技术提供了实物资料，而且弥补了历史文献的不足，同时又极大地丰富了云冈石窟及其周围文物的历史内涵。国内著名的文物专家、学者均给予了充分的肯定，认为这次考古发掘成绩显著、意义重大。为此，云冈石窟窟前考古发掘被评为"'93'全国十大考古新发现"之一。之后，遗物遗迹经测绘、摄影、文字记录之后，遗物妥善研究保管，遗迹掩埋，并在硬化的地面条石上，作原址原样大小的标记。

3.5.2 修建保护性窟檐: 石窟木结构窟檐是寺庙建筑重要的组成部分,当初建造的意图和如今起到的防风化作用，是先人们未曾料到的。它可以隔离风沙、阻止酸雨直接侵蚀，可以保持洞窟内温湿度的相对稳定、防止温湿度急剧变化，是防止石窟风化的有效方法之一。云冈石窟第7、8窟为一组双窟，第8窟原来应与第7窟一样建有木结构的窟檐。后因历史原因木结构的窟檐早已毁坏。按照国家文物局的批复，依据第7窟木构建筑形式，在不给崖壁增加任何压力的前提下，恢复了第8窟木构建筑，修整了第7窟木构建筑。修建整治后的第7、8窟窟檐，从质量到外观都达到了预期的效果。

同时，分别聘请中国文物研究所、美国盖蒂保护研究所有关专家，对第9、10、19窟窟檐进行了设计，其中第9、10窟为传统结构，第19窟为轻型结构。

3.5.3 修建保护性围墙: 这项工程是为满足文物保护(石窟顶部有明代城堡、烽火台、北魏遗址等)、科学研究设施安全、保障石窟和游人安全的需要而采取的一项永久性措施。崖顶保护性围墙建造在云冈石窟绝对保护线上。该范围的土地使用权属于当地政府，经工程领导组会议决定，以补偿的方式解决了围墙内外440余亩土地的使用权。在此期间，总计修建保护性围墙3000余米。修建保护性围墙为实施封闭式管理创造了十分良好的条件。

3.5.4 洞窟保护维修加固工程: "八五"维修工程期间对第14窟、无名窟、第33～35窟、第40～45窟，采取传统方式：即牵拉铆固，外包嵌水泥砂浆荒料石，内浇注混凝土框架支护加固，并结合科学保护手段，用环氧树脂对裂隙进行灌浆粘结加固。这是一项防止洞窟崩塌的成熟而有效的工程方法。经上述方法处理后的洞窟，不仅有效地排除了坍塌险情，解决了石窟稳定性问题，而且最大限度地保持了石窟的原貌。

3.5.5 窟顶防渗排水试验研究工程: 云冈石窟石雕风化的主要原因是受水的长期侵蚀及各种盐类富集于石雕表面而造成的损坏。雨水通过窟顶的风化裂隙、岸边裂隙、构造裂隙等进入窟内侵蚀石雕，是一种最普遍而严重的破坏形式。据统计，目前有 8 个洞窟渗水严重，至于洞窟后壁潮湿现象就更加普遍。鉴于裂隙的分布没有规律，而窟顶和后壁的渗水有些是崖顶积水沿裂隙直接进入窟内的，也可能有远处的补给水，这就增加了防渗工程的难度和复杂性。"八五"维修工程期间进行的石窟窟顶防渗排水是治理大气降水渗入洞窟引起石雕风化的现场试验研究。

1992 年，由国家文物局牵头，云冈石窟文物研究所与中国文物研究所及美国盖蒂保护研究所合作，针对云冈石窟顶部渗水问题采用铺设土工布的方法进行了现场试验。中美合作结束后，于 1995 年在山顶明城堡内，在不破坏原有植被，保护自然地形地貌的情况下，垫高低凹蓄水地带，打通阻水脊梁，将水送至堡南专设的排水明渠按预定方向排走。处理后，经观察现场，大气降水绝大部分按预定方向排走，只有个别地方仍有蓄水遗痕。尽管蓄水面积不大，但仍须认真处理，并采取适当的监测方法，取得科学数据以达到试验的目的。

3.5.6 制定《云冈石窟规划》和《云冈石窟保护管理条例》。

1993 年，我们委托中国城市规划设计研究院对云冈石窟进行总体规划和窟前区详细规划。经过规划部门及文物部门近两年的研究论证，国家文物局和省文物局召集专家组多次审核，经反复修改，于 1995 年形成了最后文本，国家文物局于 1996 年 10 月批准了《云冈石窟规划》。该规划本着保护第一的原则以及近期建设与远期目标相结合、历史与现实相结合、发展与可能相结合以及文物保护与工农业生产相结合的双利原则，统筹考虑了云冈石窟内部、外围景点、云冈（村）镇、"一〇九"国道云冈段改线以及外围环境控制地带的保护、调整与发展规划；考虑了云冈石窟在积极保护的前提下，如何把握研究管理、旅游观赏、旅游服务以及发展建设等各方面的关系；提出了远期和近期的发展目标，并对近期建设项目提出了具体安排。

根据周围环境的变化情况，调整和修订了云冈石窟的保护范围及保护措施。调整后的云冈石窟保护范围分为绝对保护区、重点保护区和地下安全线。在划定云冈石窟保护范围的同时，规定了各个区域的具体保护措施。在重点保护区和建设控制地带内，控制村镇建筑密度、高度、内容、形式和体量，提倡植树绿化，保护自然地形地貌、河流山川，严禁采石、开山爆破、放牧、狩猎、射击、垦荒耕地等活动，不得存放爆炸物。云冈石窟绝对保护区和重点保护区内不得建造与云冈石窟无关的建筑物、构筑物，已存在

的，应当依照文物法律法规和《云冈石窟规划》，限期拆除、迁出或改造。因特殊需要在云冈石窟绝对保护区和重点保护区内建设与云冈石窟有关的建筑物、构筑物，应当依照《中华人民共和国文物保护法》的规定逐级上报批准后，方可办理有关手续。云冈石窟绝对保护区和重点保护区内经批准建设的建筑物、构筑物，应当采用以下标准：坡顶建筑高度小于 9 米；平顶建筑高度小于 7 米；建筑密度小于 40%；建筑容积率小于 0.8；绿地率大于 20%。除消防和其他特殊情况外，未经云冈石窟保护和管理机构同意，各种机动车辆不得驶入云冈石窟保护性围墙以内等。

为了加强对云冈石窟的保护和管理，根据《中华人民共和国文物保护法》、《中华人民共和国文物保护法实施细则》和《山西省实施〈中华人民共和国文物保护法〉办法》及其他有关法律法规，结合本市实际，制定了《大同市云冈石窟保护管理条例》，《条例》分为五章三十六条。经专家和省、市立法部门历时一年多的考察论证，先后易稿二十余次，终由 1997 年 8 月 22 日大同市十届人大常委会第三十一次会议通过，1997 年 9 月 28 日山西省八届人大常委会第三十次会议批准。《条例》确认了《云冈石窟规划》中划定的保护范围及保护措施，明确指出：云冈石窟文物保护和管理机构，应当接受国家、省文物行政管理部门的业务指导，并根据市文物行政管理部门的委托，具体实施对云冈石窟的保护和管理工作。市城市规划、环境保护、土地、煤炭、地质矿产、林业、公安、工商、建设、旅游等有关部门以及云冈石窟所在地区、镇政府，应当根据各自的职责配合市文物行政管理部门做好云冈石窟的保护和管理工作。本市行政区域内的一切机关、部队、学校、团体、企业、事业单位及其他组织和个人，都有保护云冈石窟的义务。凡进入云冈石窟参观游览或进行其他活动的组织和个人，都应当遵守条例。此《条例》是第一个关于全国大型石窟寺保护方面的地方性法规。它的颁布使《云冈石窟规划》的实施有了法律保证，对云冈石窟的保护管理等各项工作起到了巨大的推动作用。

3.5.7 "一〇九"国道云冈段改线

由于云冈石窟位于大同煤田之中，20 世纪 90 年代以来，随着工业和经济的迅猛发展，距离石窟仅 350 米的"一〇九"国道云冈段车流量与日俱增，大吨位煤车超载现象比比皆是，仅运煤车平均每天即达 16000 余辆。由此引发的粉尘和废气的污染十分严重，同时，也给云冈石窟石雕的保存带来新的严重的威胁。经云冈石窟文物研究所所长李治国多方呼吁，这一现象引起国内外各界人士的普遍关注。"一〇九"国道云冈段改线工程受到全国人大、全国政协、国家计委、交通部以及省、市各级领导的重视与关怀。省委、省政府、市委、市政府为此专门做出相应措施，责成省交通厅、市公路局等有关部门进行勘察、改线方案的设计以及各方案的环境评价和研究工作。从 1992 年起，经过多达五个设计方案的反复筛选，并多次组织有关专家进行论证，最终形成一致意见。在经费十分紧张的情况之下，拨出 2.6 亿元专款，用于在距离石窟 1500 米以外，建设一条全长约 30 公里的运输新线，将原有公路开辟为云冈旅游专线。

"一〇九"国道云冈段的改线工程，是建国以来云冈石窟保护历程中继 1974 至 1976 年"三年保护工程"和 1991 至 1996 年"八五维修工程"之后的第三个里程碑。"一〇九"国道云冈段的改线方案实施后，此段运煤公路已远离石窟安全保护区，这样既解决了煤尘对石雕造成的污染，从而保护了石窟，又确保了煤炭的运输，真正体现了文物保护工作中的"两利"方针。运煤车的绕行，使大同市区至云冈这条交通干线的环境从根本上得以改善，交通状况得到根本性的好转，为云冈石窟的保护、大同市的旅游业发展乃至大同市的对外开放和"二次创业"创造了良好的条件。

3.5.8 申报世界文化遗产

为了更好地保护好云冈石窟这一人类历史遗产，进一步扩大其在国内外的知名度，促进云冈石窟及大同市社会发展，大同市政府于 1999 年提出申报云冈石窟列入《世界遗产名录》。

申报云冈石窟列入《世界遗产名录》，对云冈石窟保护工作是一次有力的推动和全面的促进。可以以申报为契机，对自身的保护管理工作进行改进和提高。可以对照世界遗产保护管理要求，解决困扰遗产保护管理工作中的问题，净化云冈石窟周围环境风貌。可以促进云冈石窟保护工作与国际接轨。申报世界遗产工作不仅可以在全世界宣传我们自己，也可以汲取许多有益的知识、作法、技术，甚至资金和人才。申报云冈石窟列入《世界遗产名录》，不仅可以提高云冈石窟在国内、国际的声誉，更重要的是提高整个城市的知名度和形象，不仅对云冈石窟的文物保护事业，而且对大同市的旅游发展乃至"二次创业"及我市的经济发展具有重大的现实意义和深远的历史意义。

从 1999 年 11 月开始，云冈石窟文物研究所组织有关人员编撰申报文本，拍摄有关照片资料，绘制洞窟实测图，制作幻灯片。同时，为配合申报世界文化遗产工作，云冈石窟文物研究所在绝对保护区（保护性围墙）内完成了 20 项环境整治工程项目。大同市委、

市政府集中财力、物力，进行了大规模的云冈石窟周边环境整治。

云冈石窟重点保护范围内有大量的居民和工厂、企事业单位，所形成的建筑物、构筑物对石窟的环境造成严重的影响，破坏了石窟的历史风貌。该区域内有农户550多户，1700余人，单位22个，工作人员2300多人；还有大量新建和改建的房屋，许多建筑有三层高，甚至可与石窟寺相"媲美"，白瓷墙面，黄琉璃瓦顶与石窟风格相去甚远。同时由于单位和居民的存在还造成了大量环境污染，据环境部门检测分析，石窟区大气污染物的来源主要是此区域的工厂和居民燃煤。

申报世界文化遗产期间，先后为云冈石窟周边环境整治一期工程投入资金2500多万元，对石窟前广场部分建筑物进行拆除，空地进行绿化、美化。到2001年10月，共完成拆迁面积58000平方米，建成停车场6000平方米，广场1900平方米，种植草坪20000平方米。使窟前环境得到较大的改善。

2001年，云冈石窟以符合世界文化遗产六项标准中的第Ⅰ、Ⅱ、Ⅲ、Ⅳ四项被联合国教科文组织世界遗产委员会第25届大会通过列入《世界遗产名录》。

3.5.9 防水保护工程

云冈石窟申报世界文化遗产的成功，是对过去工作的总结和肯定，也是面向未来的一个新起点。遵照"世界遗产公约"的精神和文物保护法的有关规定，我们面对新的形势，提出新的任务，就是加强科学保护、科学研究和科学管理。在这一理念的指导下，针对云冈石窟保护中存在的首要问题，即水对石雕的影响这一带有根本性的问题，适时地提出了启动云冈石窟防水保护工程的建议。2002年，由所长李治国研究员提供的《云冈石窟防渗保护工程亟待启动》一文，通过新华社资深记者在《国内动态清样》第163期登载后，中央几位领导很快作了重要批示，山西省人民政府与国家文物局经过认真讨论，理清了思路，明确了任务，并就有关事项进行了具体安排。决定成立云冈石窟防水保护工程管理委员会，并启动了云冈石窟防水保护工程。

工程管理委员会在有关专家讨论的基础上，提出明确的工作方针，即立足于石窟的长远保护，综合考虑各种水害因素，做到突出重点，全面治理。要坚持现代科学手段与传统保护方法相结合，整体设计与分段治理相结合，力求通过这项工程，使水害造成的石窟加速风化的问题得到基本控制，确保通过这项工程的实施，使云冈石窟的保护工作大大向前迈进一步。

经过公开招标，建设综合勘察研究设计院中标。建设综合勘察研究设计院在工程重点顶部防渗中采用"铺设土工毯防渗"和"改性粘土防渗"方案，结合地表排水、缘部冲沟防渗处理的方法，具有防渗的完整性和系统性。并在处理过程中提出有效的检测和补强方法，可以保证防渗的质量。设计招标工作的完成，标志着云冈石窟防水保护工程前期工作已经全面启动。

随后，建设综合勘察研究设计院对初步治理思路和勘察方案进行了补充修改，经专家论证通过后实施了云冈石窟防水保护工程勘察工作，并在此基础上提出了顶部防渗排水方案。与此同时，凝结水试验研究和保护性窟檐的设计工作也已全面展开。

20 世纪 60 年代西部窟群原貌

20 世纪 60 年代第 19～21 窟原貌

20 世纪 60 年代东部窟群原貌

20 世纪 60 年代平整修建中部窟群地面

20世纪50年代修建保护围墙

1956年修复山门及第5、6窟窟檐

1956 年扩建山门前广场

1963 年中部窟群前绿化

1964 年第 20 窟前绿化

1964 年西部窟群前绿化

20 世纪 60 年代西部窟群原貌

20 世纪 60 年代加固施工现场

20 世纪 60 年代加固喷浆现场

20 世纪 60 年代加固施工现场

第 1 窟东壁风化加固洗涤试验

20 世纪 70 年代加固中部洞窟外立壁及崖面悬石

20 世纪 70 年代加固第 12、13 窟崖面悬石

1964 年第 14 窟千佛柱丙烯酸酯类灌浆裂隙粘结加固

20世纪70年代第20窟主佛原貌

1974～1976年修整前第20窟主佛面部

1974～1976年修整第20窟主佛
（佛耳）应用化学材料压力灌浆

1974～1976年修复后的第
20窟主佛

20世纪70年代第1窟中心塔柱原貌

1974～1976年修复第1窟中心塔柱

1974～1976年修复第1窟中心塔柱

1974～1976 年修复后的第 1 窟中心塔柱

1974～1976 年修复后的第 1、2 窟外貌

20 世纪 70 年代第 3 窟窟外前立壁东侧修补崩塌崖壁施工现场

1974～1976 年修复后的第 3 窟

20世纪70年代中部窟群原貌

1974～1976年修复加固中部窟群

20 世纪 70 年代第 9 窟前室东壁原貌

1974～1976 年修复后的第 9 窟前室东壁

20世纪70年代修复前第9窟西壁原貌

20世纪70年代第9窟前室顶板修复情况

1974～1976年第9窟加固灌浆现场

1974～1976 年修复后的第 9 窟前室西壁佛像

1974～1976 年修复后的第 9 窟前室窟顶

中部窟群外立壁及顶部施工现场

1974～1976年修复加固后的中部窟群

20 世纪 70 年代第 13 窟主像原貌

1974～1976 年修复后的第 13 窟主像

20世纪70年代第16窟主像原貌

1974～1976年修复后的第16窟主像

20 世纪 70 年代第 19 窟主像原貌

1974～1976 年修复后的第 19 窟主像

20 世纪 70 年代第 45 窟中心塔柱原貌

1974～1976 年修复后的第 45 窟
中心塔柱

"八五"维修工程领导组会议

"八五"维修工程规划暨技术防范论证会

"八五"维修工程前窟前地面原貌

"八五"维修工程期间窟前考古发掘

第 20 窟窟前考古发掘

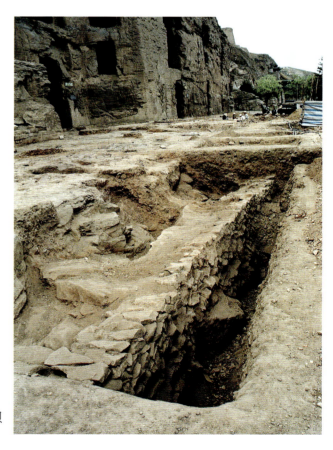

昙曜五窟窟前发现的河坝

昙曜五窟窟前发现的河坝

昙曜五窟窟前发现的河坝

河坝与基岩结构

考古发掘发现的第 20 窟台阶

昙曜五窟前柱洞内朽木

"八五"维修工程修复后的第20窟

20 世纪 70 年代第 3 窟原貌

第 3 窟窟前地面考古发掘

第 3 窟窟前地面考古发掘

"八五"维修工程修复后的第3窟

"八五"维修工程期间窟前地面降低工程前的第7～13窟

"八五"维修工程期间窟前地面降低工程前的
第7～13窟原貌

"八五"维修工程期间第7～13窟
窟前考古发掘

"八五"维修工程期间考古发掘发现的
第11～13窟窟前基岩

"八五"维修工程期间昙曜五窟
窟前考古发掘

"八五"维修工程
期间第9、10窟窟
前考古发掘

"八五"维修工程
期间第9、10窟窟
前发现的莲花纹

"八五"维修工程
期间第9、10窟窟
前发现的莲花纹

"八五"维修工程期间第 9、10 窟窟前发现的辽砖

"八五"维修工程期间第 9、10 窟窟前发现的兽脚

"八五"维修工程期间考古发掘发现的窟檐残件

"八五"维修工程期间考古发掘发现的瓷碗

"八五"维修工程期间考古发掘发现的雕像残件

"八五"维修工程期间考古发掘
发现的雕像残件

"八五"维修工程期间考古发掘发现的佛头雕像

"八五"维修工程期间考古发掘发现的石钵

"八五"维修工程期间考古发掘发现的石雕

"八五"维修工程期间修整窟前地面

"八五"维修工程维修后的
窟前地面

"八五"维修工程前第 8 窟窟檐原貌

"八五"维修工程期间修建第 8 窟
窟檐施工情况

"八五"维修工程修复后的第7、8窟窟檐外貌

"八五"维修工程期间修建保护性围墙施工现场

"八五"维修工程期间修建保护性围墙

"八五"维修工程期间修建保护性围墙

"八五"维修工程修复后的保护性围墙

"八五"维修工程前的第14窟原貌

"八五"维修工程前的第 14 窟原貌　　　　　　"八五"维修工程期间第 14 窟维修加固现场

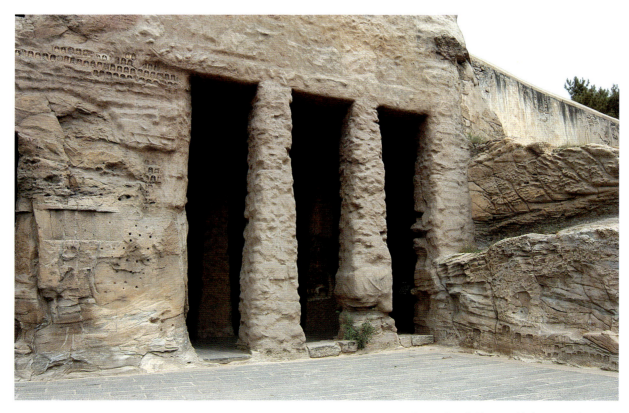

"八五"维修工程修复后的第 14 窟

"八五"维修工程前的西部窟群局部原貌

"八五"维修工程期间西部窟群维修加固现场

"八五"维修工程期间西部窟群维修加固现场

"八五"维修工程期间西部窟群维修加固现场

"八五"维修工程期间西部窟群维修加固现场

"八五"维修工程修复后的西部窟群

"八五"维修工程修复后的西部窟群

中美专家考察石窟顶部防渗排水试验工程

石窟顶部防渗排水试验工程实施前原貌

石窟顶部防渗区中心观测孔钻孔施工现场

石窟顶部防渗区平整后的地面

石窟顶部防渗区南部护坡及排水沟施工现场

石窟顶部防渗区土工布铺设现场

石窟顶部防渗区土工布焊接现场

石窟顶部防渗区土工布铺设效果

石窟顶部防渗排水试验工程实施前排水区原貌

石窟顶部防渗排水区试验工程施工现场

石窟顶部防渗排水区铺设排水材料前排水沟开挖情况

石窟顶部防渗排水区铺设排水
材料前排水沟开挖情况

石窟顶部防渗排水区垂直钻孔
不同深度含水量测定

1995年明城堡内防渗排水工程
施工现场

1995年明城堡内防渗排水工程
施工现场

"一〇九"国道云冈段改道前雕像污染情况

"一〇九"国道云冈段原貌

云冈旅游专线铺设现场

云冈旅游专线铺设现场

云冈旅游专线

大同市申报云冈石窟列入《世界遗产名录》委员会全体会议

国家文物局、山西省文物局、大同市人民政府领导审查"世界遗产文本"

大同市领导视察云冈石窟周边环境治理工作

申报世界文化遗产前云冈石窟周边环境原貌

云冈石窟周边环境治理现场

云冈石窟周边环境治理现场

云冈石窟周边环境治理现场

云冈石窟文物研究所欢庆申报世界遗产成功

云冈石窟申报世界遗产成功庆典现场

世界遗产证书颁发仪式

云冈石窟新貌

云冈石窟顶部防渗保护工作会议

云冈石窟防水保护工程设计招投标会

云冈石窟防水保护工程设计招投标会

云冈石窟顶部防渗保护工程第一次专家顾问组会议

云冈石窟顶部防渗保护工程第一次专家顾问组会议

专家考察云冈石窟防渗工作

专家考察云冈石窟洞窟渗漏情况

专家考察云冈石窟防渗工作

云冈石窟防水保护工程勘察方案论证会

云冈石窟防水保护工程勘察现场

市领导视察防水工程勘察现场

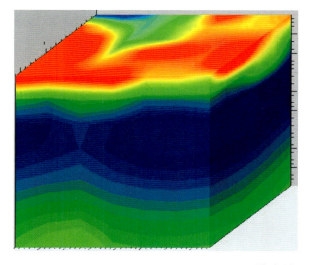

三维电法

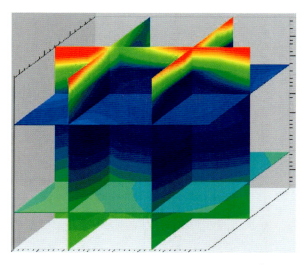

三维展示

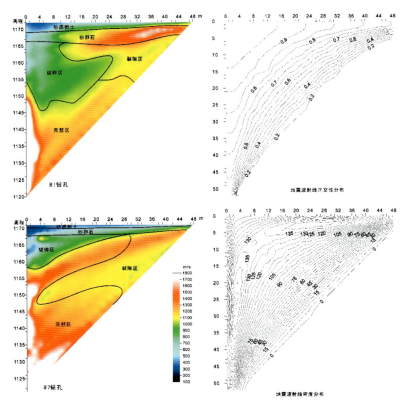

井地地震 CT 成果

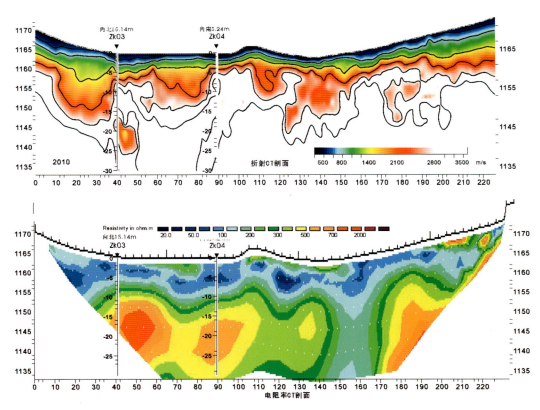

折射 CT 和电法 CT 成果对比

井下电视成果图片剪辑

云冈石窟防水保护工程顶部防水设计方案评审会

4．云冈石窟的保护研究

4.1 建国初期石窟保护研究

早在1950年，中央文化部、国家文物局即派裴文中率领雁北文物勘查团到山西北部，对古代遗址、墓地、石窟寺和古建筑进行调查，之后出版了《雁北文物勘查报告》。1960年，由中央文化部副部长徐平羽主持在北京召开"云冈石窟保护专家会议"，会议确定了在第1、2窟进行加固试验工程。从此，揭开了应用现代科学技术保护云冈石窟的序幕。

1960年5月，北京古代建筑修整所会同北京地质学院有关专家和工程技术人员在云冈石窟进行大规模的地质、工程地质、水文地质调查。北京地质学院石窟保护问题研究组、古代建筑修整所撰写了《云冈石窟保护问题研究与工作计划》。指出研究云冈石窟的保护要着重进行有关云冈地区地形、地质、水文地质、工程地质、气象及其他国内外有关石窟保护和防止岩石风化等有关资料的收集工作。全面了解云冈地区的地质发育情况。特别着重岩性变化，新构造之痕迹。不同地质、不同岩性的岩石风化情况和深度，冲沟等各种微地貌之发育，各种人为地形之影响，含水层，隔水层分布及相互关系。地面水及地下水相互补给关系，确定地下水涌水量，地下迳流等。综合各种情况分析，找出岩石风化崩裂坍塌的原因，争取提出若干个解决问题的方案。石窟保护研究组撰写了《山西大同云冈石窟修缮工程第一、二窟试验性修缮方案说明书》、《云冈石窟岩石加固的化学方法处理问题》等报告。介绍选择位于整个窟群东端，开窟较晚和较小的两个塔洞，也是崩塌和风化情况比较严重的第1窟和第2窟作为试点，采取排水和防渗；崩裂，特别是对岸边裂隙的支护；因风化而形成的蚀空、蚀平等现象的防止、加固，换补和充填。在上述治本的前提下，对于整个窟群的外观、环境的美化等措施。从中取得妥善的修缮方法和总结经验，为全面修缮工程打下基础。《云冈石窟岩石加固的化学方法处理问题》指出云冈石窟的残破情况复杂，应采取土木建筑工程与化学方法处理并举的措施，以求收得比较全面、彻底的防护效果。当无法采用土木建筑工程措施时，或即便可以采用，但亦严重影响雕刻艺术品的完整与美观时，应在化学方法处理方面寻求解决。化学方法处理的对象以现在具有艺术形象的雕刻品为主。"由于石窟岩石加固的化学方法处理是新提出的现代科学技术中的尖端问题"，探求的处理方法应当土洋结合，力求适用于各种不同对象的多种多样试剂，采取从简到繁，由点及面的研究实验步骤。风化岩石的加固曾试用甘草水法：于表面松散的岩石上进行了试验，结果不起加固作用；矽化法：单、双液处理都存在着自然渗透力不强的缺点，不能渗入岩石内部一定的深度；有机塑料甲法：看来是比较最有希望的一种方法，但能否解决云冈石窟的具体问题，尚须更多的试验。岩石表面的封护材料试用有矽酸乙酯、有机硅化物涂料两种方法。粘结选用有机塑料乙法：初步试验的效果不佳，还需要进一步探索；漆片法：在实验室中试验的效果较好，但是否有足够大的粘着力，尚需进行机械性能实验。初步的试验使文物保护工作者认识到若要突破这一现代科学技术尖端问题，非求得有关科研部门与高等院校的大力协助不可。因而在当年9月，与中国科学院武汉分院化学研究所建立了正式协作关系，开始了科学的研究工作。王大纯、沈孝宇撰写的《云冈石窟工程地质问题》，通过对云冈石窟进行的工程地质和测绘等综合性的调查研究，就云冈石窟之残破现状、自然破坏的主要因素与今后修整的意见三个方面作了详细的介绍。认为崩塌是云冈石窟存在的严重问题之一，所有各窟均存在这种现象。最严重的是前立壁面之崩塌。其次是顶板塌落，大佛之前倾及窟隅之崩落。风化是云冈石窟又一严重问题。一般各洞窟内2米以下风化剥蚀最剧，造像雕刻几乎全被破坏。其次后壁也比较严重，东西两壁又次之，而南壁除2米以下外风化程度较轻。岩石风化的过程十分复杂，是许多因素综合作用的结果，而影响云冈石窟岩石风化的主要因素是岩性与水，水与本区岩石长期而缓慢的相互作用是石窟内造像及雕刻品遭受风化破坏的主要原因。文中建议为了防止石窟崩塌及风化的继续进行，以保护这一祖国伟大文化遗产，建议采取修建护壁、排水及防水措施、保护大佛防止倾倒、对已风化造像、雕刻的加固处理等方法。1963年，李建宁撰写了《探索云冈石窟风化崩塌的因素》，将云冈石窟石雕风化剥蚀因素分为四种类型，即经久露天，未能得到覆护，特别是在一曝一湿，乍冷乍热的情况下，会产生风化剥蚀的严重现象；从下而来的反潮侵蚀，造成的风化剥蚀现象；由于湿润空气的袭击，特别对于湿润空气滞积部位，风化剥蚀的尤其严重；自然山水的渗蚀，特别是远处山水的渗入，影响风化剥蚀较大。1964年，林茂炳、赵不忆撰写了《大同云冈石窟岩石风化调查报告》，以东部窟群（第1～4窟）为重点，着重观察了各种风化类型及其分布等特点，并对窟内的地质条件和其他自然条件作了补充观察，主要工作有：①结合对风化类型的观察，对第1、2窟内的四个壁面作了壁面风化类型图，并在第3窟内作4个垂直剖面图。对窟内不同地区的岩石风化形态特征，岩石表面矿物在风化过程中的变化及其产物（肉眼能观察到者），以及这些现象的分布特点，进行了描述和素描。并首次将云冈石窟岩石风化类型进行了详细的划分，共分为两大类，11小类，具体为发育在砂质岩石中的以岩性、裂隙影响为主的刷落状风化类型、页片状风化类型、锯齿状风化类型、洞穴状风化类型、网格状风化类型、板状风化类型、园块状风化类型、砖块状风化类型；发育在粉砂岩或砂质页岩中的主要受岩性及风化裂隙控制的碎块状风化类型、劈柴状风化类型、波状风化类型。②对窟区内的岩性变化作了观察和对比。在窟外立壁面，自东而西作21个实测垂直剖面。③在第1~4窟窟顶及第1、2窟内作了裂隙测量统计工作（共设立裂隙测量点12个）。④收集了部分窟内的温湿度变化资料，并与窟外气象资料作了对比。⑤协助文物博物馆研究所人员进行了井硐观察，在窟区内取样（岩样、风化产物样）等工作。⑥对窟顶部分地貌及第四纪地质作了初步观察。1965年，北京地质学院山西云冈石窟物探科研队撰写了《地球物理勘探方法在云冈石窟的应用》，首次应用物探方法研究了石窟围岩裂隙分布、发育情况和风化厚度，为云冈石窟加固保护提供了科学依据。

与此同时，1962年5月，对第1窟塔柱，第10、11窟前立壁间一龛内佛头像、臂膀和第14窟塔柱首次进行化学材料灌浆、粘结加固试验研究。1963年4月，第1、2窟试验工程正式开工。1964年5月，对云冈石窟西部窟群进行危岩支护和裂隙粘接试验，重点是第22、23窟倒塌间壁的复位和第32窟坍塌顶板的粘结复位。

4.2 石窟风化研究

黄克忠1984年在《水文地质与工程地质》上发表了《云冈石窟砂岩石雕风化的问题》，从地质学角度论述了云冈石窟石雕风化的情况及风化类型和形成原因，提出了治理设想。1989年，黄克忠、钟世航在《文物保护与考古科学》发表《云冈石窟风化微测深试验》一文，应用微测深仪对云冈石窟石雕已风化部分的深度和不同防风化材料渗透深度进行了测试。根据测试数据分析，云冈石窟石雕风化深度一般在0.2~2厘米之间，最深可达7厘米。1989年，曲永新、黄克忠在全国第三次工程地质大会上发表了《大同云冈石窟石雕表面和表层的粉状物及其在石雕风化中的作用研究》一文，详细探讨了石雕表面粉状物的宏观和微观特征和化学矿物成分，并对粉状物的形成机理及其与石雕风化的关系进行了讨论。1990年9月，黄克忠在《中国文物报》发表《治理云冈石窟石雕风化的对策》一文，对全面治理云冈石窟石雕的风化提出对策。

1990 年，山西省地质矿产局第三综合勘察公司的《大同市云冈石窟工程地质勘察报告》，对云冈石窟区域地质、地貌、岩性和构造以及水文地质、工程地质状况进行了勘察，提出了云冈石窟顶部防渗的建议措施。

1992 年，黄克忠、解廷凡在《文物保护与环境地质》发表《云冈石窟石雕的风化与保护》一文，从地质学角度，对云冈石窟石雕风化破坏原因、石雕风化破坏程度与速度等方面进行了论述，并提出了相应的保护措施。

4.3 中外合作石窟保护研究

1988 年 7 月，国家文物局召开会议，商讨关于美国盖蒂保护研究所与国家文物局在科学技术领域内共同合作保护全国重点文物保护单位莫高窟和云冈石窟的问题。

1994 年，美国盖蒂保护研究所、云冈石窟文物研究所《中美合作保护云冈石窟总结报告》，对 1989 年～1994 年期间中美合作保护云冈石窟的项目进行了技术总结。1990 年 9 月在云冈石窟山顶，由美国盖蒂保护研究所提供仪器建立了全自动气象站。对云冈石窟气候状况进行监测，其中包括空气温度、湿度、风速、风向、土壤温度、露点温度、日照强度、大气降水、岩石表面、内部温度。1991 年 10 月和 1992 年 5 月，中美研究人员对云冈石窟雕刻表面彩绘及壁画颜料进行分析研究。1991 年 4 月，由美国盖蒂保护研究所聘请的美国加州理工学院 Glen R.CASS 教授和他的研究小组一行，与中国文物研究所和云冈石窟文物研究所的研究人员，在云冈进行了为期一个月的环境污染采样分析监测研究。内容包括大气污染成份、含量和尘埃颗粒的类型、运移和沉降及空气流动情况等。1992 年 10 月，中美合作在云冈石窟山顶"八字"墙西墙的两侧铺设了防渗排水材料，进行防渗排水试验研究。

1994 年，美国加州理工学院环境工程系 Glen R .Cass 教授撰写《中国云冈石窟寺内尘粒沉积的控制》一文，通过对尘粒沉积收集数据的分析，提出了"进入窟内的空气通过过滤器进行交换"和"门窗增设防尘网"沉积尘粒的控制方法。

1 9 9 4 年，在敦煌研究院召开的第一届古丝绸之路遗址保护国际学术研讨会上，Francesca PIQUE 发表 Scientific Examination of the Sculpture Polychromy of Cave 6, Yungang 一文。Neville AGNEW 和 HUANG Kezhong 发表 The Collaborative Project of the State Bureau of Cultural Relics and The Getty Conservation Institute for the Conservation of Mogao

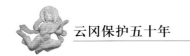

and Yungang Grottoes 一文。Christos S.CHRISTOFOROU，Lynn G.SALMON, 和 Glen R. CASS 发表 Approaches to Control of Particle Deposition and Soiling Within the Yungang Grottoes 一文。Christos S.CHRISTOFOROU ，Lynn G.SALMON, 和 Glen R.CASS 发表 Deposition of Atmospheric Particles within the Yungang Grottoes 一文。

1998年戴仕炳等在中国科协第三届青年学术年会上发表《云冈石窟石雕的风化原因——自然和环境因素》一文，从水力膨胀／收缩、热膨胀／收缩，矿物的分解、氧化，胶结物的流失等自然因素，与粉尘的作用等环境因素方面对岩石风化的作用等方面论述了云冈石窟石雕风化的原因。

"中德专家合作保护云冈石窟98科技研讨会"于1998年9月7日至10日在山西云冈石窟文物研究所召开，参加会议的有来自国内和德国的专家各8名。会议就云冈石窟的石雕风化的原因及科技保护等问题进行了广泛而深入的讨论。专家一致认为，影响云冈石窟石雕风化的原因很多，其主要原因是水和环境污染等因素。不解决这些因素，任何防风化材料均不能阻止石雕的快速风化。其中德国吉森大学戴仕炳博士和G.Strüebel教授发表论文《用硅酸脂类岩石保护剂对云冈石窟杂砂岩加固、憎水试验研究》，文章指出：Wacker OH100和Wacker H可增加岩石的抗风化能力，其中表现为降低岩石的吸水性，吸湿性，增强岩石的抗盐能力；由于云冈杂砂岩孔隙度低，含粘土、黄铁矿（白铁矿）等矿物，使得硅酸脂类岩石加固剂也难以适用于云冈石窟岩石保护的特殊要求。换句话说，现在还没有一种保护剂能运用到云冈石窟中。

4.4 环境对云冈石窟影响的研究

1988年，解廷凡、苑静虎于《文物季刊》发表《环境污染对云冈石窟的影响》一文。依据环境监测数据分析了环境污染的原因,提出环境污染对石窟的影响及机理,证明了环境污染对石窟风化起到了催化和促进作用。1989年，大同市环境保护局研究报告《大同市云冈石窟环境监测报告》,通过对石窟环境状况的监测,分析了石窟环境污染的现状,并对石窟区环境质量进行了评价，同时提出治理污染的措施。

1990年，苑静虎、黄继忠撰写《环境条件变化对云冈石窟的影响》一文，通过对云冈石窟气象数据的分析，总结了石窟区温湿度变化的规律和降水、蒸发的规律，探讨了气候环境条件的变化对石窟的影响。

　　1996年，黄继忠完成《煤尘对云冈石窟石雕的影响》一文。通过室内模拟试验，就煤尘对石雕的影响进行了研究。结果表明，煤尘对石窟的影响既有物理方面的，也有化学方面的，物理风化和化学风化并存，它们交替作用促使石雕风化。黄继忠等1997年于《文物季刊》发表《云冈石窟大气中无机离子的分析》。应用化学分析和现代仪器分析的方法对云冈石窟大气粉尘中的无机离子进行分析。黄继忠等于1998年在《雁北师院学报》发表《云冈石窟大气中金属离子的分析》，1999年在《东南文化》发表《云冈石窟大气颗粒物中金属元素特征研究》。采用质子X荧光分析法和电感耦合高频等离子焰炬对云冈石窟大气粉尘中的金属元素进行定性和定量测定，结果表明：粉尘中Al、Ca、Fe三种金属元素的含量很高，这三种元素含量的明显增高与云冈地区的风沙，运煤车辆引发的降尘、二次扬尘，以及周围工矿企业、民用燃煤等有关。2004年，黄继忠等在《文物保护与考古科学》发表《煤尘对云冈石窟石雕的影响机理研究》一文。通过分析云冈石窟大气中粉尘污染的现状，说明云冈石窟区环境污染十分严重。特别是空气中大量的酸性气体（SO_2、NO_x、CO_2等）和粉尘的污染，其中总悬浮微粒全年超标（国家大气二级标准）率高于80%，降尘全年超标率（前苏联降尘标准）为60%。采用质子X荧光分析法（PIXE）和电感耦合高频等离子焰炬(ICP)对云冈石窟大气中的粉尘进行金属元素的定性和定量测定，表明粉尘中金属元素含量较高。对粉尘样品中的无机离子NO_3^-、SO_4^{2-}、NH_4^+、F^-采用化学分析法进行了测定，结果表明样品中的NO_3^-、SO_4^{2-}含量很高，而NH_4^+、F^-含量一般。通过X射线衍射、扫描电镜（EDIX）和显微镜对粉尘的主要物质成份进行了分析。应用X衍射、扫描电镜（EDIX）和显微镜对石雕表面黑色薄层的物质组份和矿物组成进行了分析，说明黑色薄层来自岩石内部和空气污染物质。选择SO_2和粉尘两个标志作为变动因素，通过室内模拟试验就粉尘对石雕的影响进行了探讨。结果表明，粉尘对石雕的影响既有物理作用，又有化学作用，物理风化和化学风化长期存在，交替作用，互相促进，致使云冈石窟石雕遭受严重的风化。2004年6月，黄继忠在敦煌研究院召开的第二届丝绸之路古遗址保护国际学术会上发表《水对云冈石窟石雕影响的研究》一文。研究中采用地质学、地质工程学以及水文地球化学的方法就水（特别是北壁渗水）对石雕的影响作了深入系统的研究，从机理上进一步探讨并揭示其影响过程、程度等；与此同时针对不同岩层的岩石和云冈石窟地区不同的地下水情况进行模拟试验，以解释某些石雕快速风化的原因，从而为云冈石窟解决渗水和石雕防风化治理提供了科学的依据。

第 1 窟东壁加固材料洗涤
试验

第 6 窟后室北壁千佛柱风
化状况

中美专家在云冈石窟顶部考察

国家文物局、美国盖蒂保护研究所举办"石窟保护管理"培训班

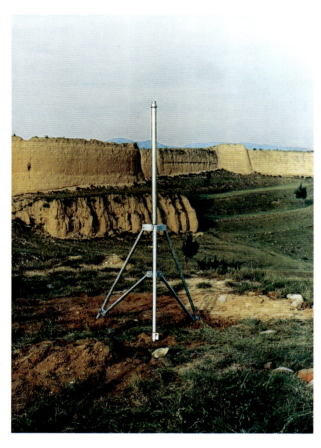

美国盖蒂保护研究所在云冈石窟顶部
建立全自动气象站

美国盖蒂保护研究所在云冈石窟顶部建立全自动气象站

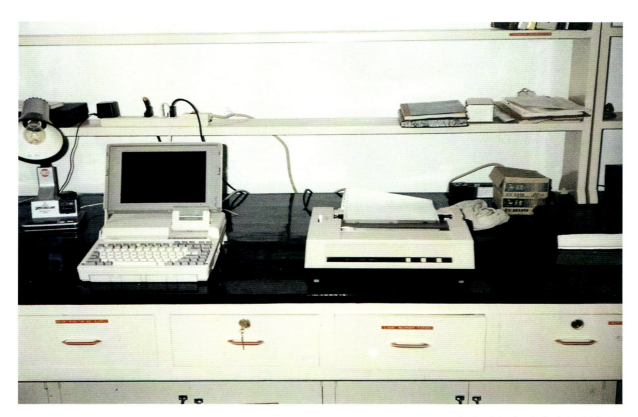

全自动气象站室内控制部分

用美国盖蒂保护研究所提供的仪器进行洞窟内温湿度监测

石雕表面粉尘取样分析

石雕表面粉尘取样分析

第 6 窟雕像颜料取样处

中美合作进行石雕表面颜料分析

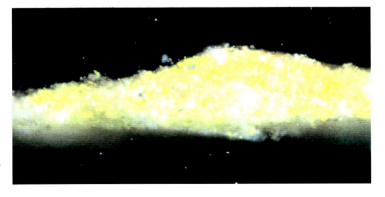

中美合作进行石雕表面颜料分析

第6窟中心塔柱上层南面西侧菩萨立像　　　　菩萨立像头部

菩萨立像颜料分析取样处

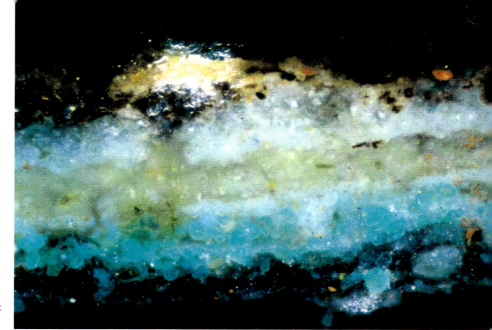

中美合作进行石雕表面颜料分析

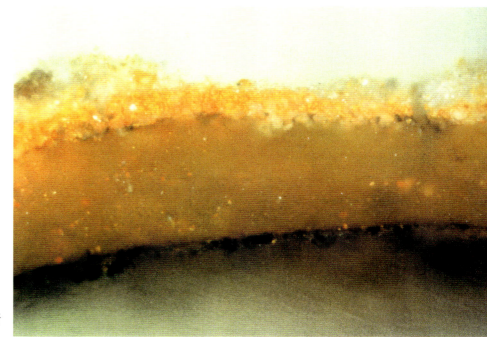

中美合作进行石雕表面颜料分析

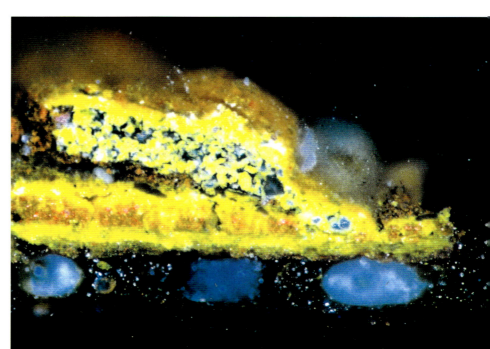

中美合作进行石雕表面颜料分析

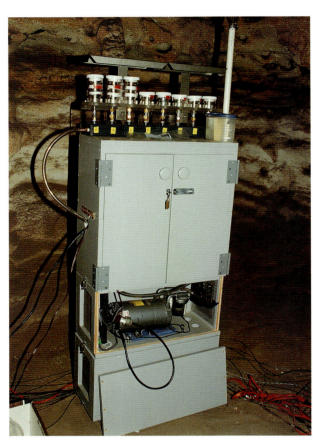

中美合作洞窟内部环境监测

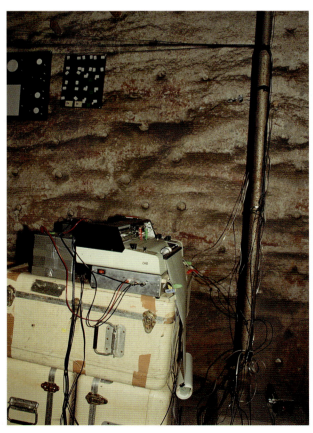

中美合作洞窟内部环境监测

中德专家合作保护云冈石窟98科技研讨会

德国专家应用硅酸乙酯加固风化岩样

清除石雕表面可溶盐试验

清除石雕表面可溶盐试验

水岩作用研究

气象与环境监测站

污染物的化学分析

污染物的化学分析

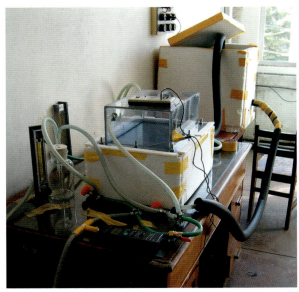

实验室研制的凝结水测量仪器

实验室研制的凝结水测量仪器

凝结水测量仪器的现场试验

凝结水测量仪器的现场试验

结 束 语

五十年来，国内外文物保护工作者和有关专家、学者在云冈石窟的维修保护和保护研究方面做了大量卓有成效的工作，为云冈石窟的保护提供了大量的科学依据，解决了严重威胁石窟安全的一些重大问题。使文物的保存状况得到了极大的改观，旅游设施、旅游环境得到了极大的改善，为旅游开发利用创造了十分便利的条件。然而，石窟的保护工作是一个复杂的、长期的系统工程。随着时间的推移，石窟雕刻还会出现新的问题；随着科学技术的发展，新技术新手段也将会不断地出现，所以石窟文物的保护工作是一个不断反复、不断提高的过程。云冈石窟防水问题将是今后若干年内云冈石窟保护工作的重点，需要以全面系统的研究工作为基础，用科学的方法和手段加以解决，从而彻底改善文物的保存环境。云冈石窟风化石雕的保护问题还没有从根本上得到解决，未来云冈石窟文物研究所将集中攻克这一难题，使云冈石窟这一世界文化遗产得到更好的保护。

我们完全可以相信，有党和国家以及省市各级领导的关怀，社会各界有识之士的支持，云冈石窟的保护工作一定会做得更好。我们最终的目标是：建立起完善的保护、防护体系，使石窟区内文物古迹资源得到有效保护；建立起较完善的游览服务和科研管理体系；实现规划区的规划布局结构的调整，使布局结构趋于合理；旅游业有较大发展；云冈村有碍观瞻的建（构）筑物得到搬迁；环境控制区内山区林地覆盖率达60%以上，石窟的历史环境初步恢复；使云冈石窟成为文物史迹保存良好、旅游便利、设施完备、环境优美、管理体系完善的国家重点文物保护区和风景旅游胜地。

本文完成过程中参阅了国内外大量发表的、未发表的论文、报告等资料，在此不一一列举，谨向所有作者表示衷心的感谢。黄克忠、贾瑞广、解廷凡、员海瑞等先生以及中国文物研究所慷慨提供部分照片和资料；文物出版社段书安、郭维富等先生为本书的出版付出了大量心血，在此，对他们的大力支持表示特别的感谢。